Mängelexemplar

Johanna Friedl
Spielend die Sinne entdecken

Johanna Friedl

Spielend die Sinne entdecken

Einzelspiele und Spieleinheiten
für Kinder zwischen 2 und 10 Jahren

Illustrationen von Doris Rübel

Ravensburger Buchverlag

Inhalt

6 Vorwort
  Kinder spielerisch fördern

12 Sehen
  Spiele und Beschäftigungen zur Förderung der optischen
  Wahrnehmungs- und Differenzierungsfähigkeit
14 Beobachten und genau hinsehen
18 Vergleichen und wieder erkennen
20 Sehen und reagieren
24 Sehen und merken
26 Optische Täuschungen

28 Hören
  Spiele und Beschäftigungen zur Förderung der akustischen
  Wahrnehmungsfähigkeit und des Sprachverständnisses
30 Sprachspiele
32 Musik- und Geräuschinstrumente
34 Differenzieren und wieder erkennen
38 Richtungshören
40 Hören und reagieren
42 Malen und gestalten nach Musik
43 Hören und merken

44 Riechen
Spiele und Beschäftigungen zur bewussten Wahrnehmung und
Differenzierung von Gerüchen
46 Duftende Basteleien
49 Nasenspiele
50 Differenzieren und wieder erkennen
54 Gerüche und Düfte erleben

56 Schmecken
Spiele und Beschäftigungen, die den Geschmackssinn anregen
und bereichern
58 Differenzieren der verschiedenen Geschmacksrichtungen
60 Speisen und Getränke, die den Geschmackssinn anregen
62 Partyspiele mit kleinen Leckereien

64 Tasten und Fühlen
Spiele und Beschäftigungen zur Förderung der taktilen
Wahrnehmungs- und Differenzierungsfähigkeit
66 Tast- und Fühlerlebnisse mit Händen und Füßen
68 Tasten und Fühlen mit dem ganzen Körper
72 Tasten, erkennen und differenzieren
78 Streicheleinheiten
81 Fühlen und gestalten

84 Körperwahrnehmung
Spiele und Beschäftigungen zur Förderung des Gleichgewichts-
sinnes und der Körperwahrnehmung
86 Körperteile wahrnehmen, benennen und zuordnen
88 Das Lage- und Bewegungsgefühl sensibilisieren
90 Gleichgewichtsübungen
92 Hüpfen und springen
96 Allerlei Bewegerei

98 Erlebniseinheiten
Ein buntes Feuerwerk
100 Der kleine bunte Schmetterling sucht einen Freund
104 Körperreise

106 Übersicht: Spiele für Kindergruppen

Vorwort

Wie Sie mit den Spielen und Beschäftigungsideen dieses Buches Kinder ideal fördern

Kindliches Spiel und seine Funktion

Vielen Kindern mangelt es heute an aktiven, sinnlichen Erlebnissen. Sie nehmen an der Welt oft nur noch passiv, durch Scheiben teil: durch Fensterscheiben, Autofenster, Schaufenster – und durch die Mattscheibe.

Die wichtigste kindliche Beschäftigung ist das Spiel – und sicherlich wünschen wir uns alle, dass Kinder sich sinnvoll beschäftigen. Wenn wir uns allerdings Gedanken über sinn-volles Spiel machen, kreisen unsere Vorstellungen oft einseitig um Förderung und Vermittlung von Wissen, Fähigkeiten und Fertigkeiten. Dabei wird nur allzu leicht außer Acht gelassen, dass Kinder noch ganz besonders darauf angewiesen sind, ihre Umwelt mit allen Sinnen zu erleben.

Doch mit ihren Sinnen nehmen Kinder nicht nur Kontakt zu ihrer Umwelt auf – sie nehmen sie im wahrsten Sinne des Wortes in sich auf. Durch eine intensive, spielerische Förderung der Wahrnehmungsfähigkeit unterstützen Sie die gesunde Entwicklung Ihrer Kinder – Sie fördern ihre gesamte Persönlichkeit, weil Sie ihre Fähigkeit zu fühlen, zu denken und zu handeln erweitern und vertiefen.

Spiele für jeden Tag und jeden Anlass

Auf Seite 106 sehen Sie in der Übersicht, welche Spiele sich besonders gut für Gruppen eignen.

Die Sinne Ihrer Kinder, aber auch Ihre eigenen, in spielerischer Weise zu stimulieren – dafür möchte dieses Buch Ihnen Anregungen geben. Die Spiele, Basteleien, Experimente und Spaziergänge sind so ausgewählt, dass sie sich gut in den Alltag mit Kindern einfügen lassen. Für die meisten benötigen Sie wenig Material und Vorbereitung, sie lassen sich leicht zwischendurch spielen und sind jederzeit zu Hause, im Kindergarten und in der Schule einsetzbar.

Vorwort **7**

Es finden sich Spiele, die Kinder allein, ohne Partner spielen können, und Spiele, die zu zweit, mit Kindergruppen (zum Beispiel an Kindergeburtstagen) oder in Kindergarten und Schule Spaß machen. Kurze Spiele ohne Materialien eignen sich prima als „Pausenfüller", etwa wenn es zu Wartezeiten beim Arzt kommt, aber auch im Kindergarten, wenn noch nicht alle Kinder abgeholt sind oder sich eine Lücke im Tagesablauf ergibt. Lange Autofahrten können Sie durch ein Motto abwechslungsreicher gestalten (z.B. Farbensuche) und auf Spaziergängen Bewegungsanreize geben. Ihrer Fantasie sind keine Grenzen gesetzt, wenn es darum geht, sinn-volle Spiele und Beschäftigungen in Ihren Alltag mit Kindern einzubauen.

Spiele, bei denen es zu intensivem Körperkontakt kommt, etwa die Massagen oder Berührungsspiele, eignen sich gut, um Kinder zur Ruhe kommen zu lassen, also am Ende eines turbulenten Vormittags in Kindergarten oder Schule, aber auch vor dem Schlafengehen.

Wie dieses Buch aufgebaut ist

Die Spiel- und Beschäftigungsideen sind in sechs Kapitel gegliedert: Sehen, Hören, Riechen, Schmecken, Tasten und Fühlen und Gleichgewichtssinn, Körperwahrnehmung und Bewegung. Innerhalb des Kapitels ist jede Doppelseite einem besonderen Aspekt dieser Sinneswahrnehmung gewidmet. So haben Sie die Möglichkeit, einen Schwerpunkt herauszugreifen oder zu mischen, damit keiner der Sinne zu kurz kommt.
Die Unterteilung eignet sich für die Konzentration auf einzelne Sinne, die vor allem auch dann nützlich sein kann, wenn Sie bei einem Kind Unsicherheiten oder Einschränkungen von Sinneswahrnehmungen bemerken, seien sie physiologischer (z.B. Fehlsichtigkeit, Schwerhörigkeit) oder eher psychosozialer Art (z.B. Konzentrationsschwäche oder mangelnde Körperwahrnehmung).
Enthalten sind sowohl zahlreiche neue Anregungen, als auch vertraute und halb vergessene Kinderspiele. Gerade in altem Spielgut bieten sich vielfältige Anregungen für alle Sinne. Die Klassiker des Kinderspiels sind ja gerade auch deshalb dazu geworden, weil sie in idealer Weise den Bedürfnissen unserer Kinder nach sinnvoller Beschäftigung entsprechen und dabei ihre Wahrnehmungsfähigkeit fördern und vertiefen.

Wie wäre es z. B. einmal mit einer Hör-Woche, in der jeden Tag der Hörsinn im Mittelpunkt steht?

Ab Seite 98 finden Sie drei längere „Erlebniseinheiten", die Ihnen zeigen, wie Sie verschiedene Spiele zu einer sinnlichen Lernerfahrung kombinieren können.

Werden Sie erfinderisch

Zur schnelleren Orientierung finden Sie zu jeder Beschäftigungsidee eine Altersangabe. Sie besagt, ab wann in etwa ein Kind dieses Spiel begreifen und spielen kann. Sie bedeutet nicht, dass ältere Kinder dabei keinen Spaß haben. Bitte bedenken Sie auch, dass die Altersangabe nur einen Richtwert darstellt, da der Entwicklungsstand gerade im Bereich der Wahrnehmungsfähigkeit besonders von den unterschiedlichen Vorerfahrungen der Kinder abhängt.

Beim Umgang mit den Spiel- und Beschäftigungsvorschlägen sollen der Fantasie Ihrer Kinder und Ihren Einfällen keine Grenzen gesetzt werden. Sie müssen sich nicht starr an die vorgegebenen Anleitungen und Regeln halten. Verstehen Sie diese Sammlung als Anregung und probieren Sie eigene Ideen aus.

Vom Zusammenspiel der Sinne

Über ihre Sinne erleben und erfahren Kinder ihre Umwelt. In ihnen entsteht gleichsam ein Bild, das nur schwarzweiß oder aber, wenn alle Sinne sensibel wahrnehmen und zusammenwirken, sehr bunt und farbig, sehr detailliert und vielseitig sein kann. Soll nun ein Teilaspekt besonders intensiv erlebt werden, kann es durchaus sinn-voll sein, einen Sinn auszuschalten. Besonders der Sehsinn übernimmt, je älter wir werden, immer häufiger auch die Funktion des Tastsinnes. Während Babys und Kleinkinder im wahrsten Sinne des Wortes ihre Umwelt noch be-greifen müssen, glauben wir Erwachsenen oft, auf unseren Tast-, Geruchs- oder Geschmackssinn verzichten zu können. Schalten wir den Sehsinn aus, sind wir oft verwundert über die intensiven und interessanten Tast-, Geruchs- und Geschmackserlebnisse, die in uns ohne Mitwirkung unserer Augen entstehen.

Vorwort **9**

Unsere Sinne brauchen immer neue Anregung. Unsere Kinder benötigen Gelegenheit, all ihre Sinne entfalten zu können. Häufig können wir eine Sache mit allen Sinnen auf eine ganz eigene Weise erleben: Eine Blume sieht in ihrer Farbenpracht und ihrer einzigartigen Form nicht nur wunderschön aus, sie duftet auch angenehm, ihre Blütenblätter fühlen sich samtig weich, ihr Stängel fest an, vielleicht hat sie sogar Dornen, die stechen, also wehtun können – manche Blumen (zum Beispiel Gänseblümchen) kann man sogar schmecken, weil sie essbar sind. Können wir eine Blume auch hören? Hören wir vielleicht, wie sie wächst, wie sie sich im Wind wiegt, wie eines ihrer Blätter zu Boden fällt? Auf jeden Fall hören wir ihren Stängel brechen, wenn wir sie pflücken.

Wenn Sie Kindern die Möglichkeit geben, all ihre Sinne zu gebrauchen und zu entfalten, werden sie lernen, ihre Wahrnehmungen zu vergleichen und zu ordnen. Nur was ein Mensch mit allen Sinnen wahrnimmt, wird er auch in seiner Ganzheit und Vielseitigkeit verstehen! Unsere Sinneseindrücke bewahren wir in unserem Gedächtnis, sodass wir uns auch an sie erinnern können. Das ermöglicht uns später, auch in unserer Vorstellung in Welten einzutauchen, die wir nicht direkt wahrnehmen, zum Beispiel wenn wir Bücher lesen oder Geschichten lauschen.

Je mehr Erfahrungen mit einem Sinn gesammelt werden, desto sensibler — also empfänglicher und feinfühliger wird er und desto intensiver werden Sinneseindrücke erlebt.

Kinder lernen, ihre eigenen Gefühle ernst zu nehmen, und erleben im Gespräch mit anderen auch, dass es nicht nur eine, nicht eine richtige Art und Weise gibt, die Welt zu erleben.

Über Sinneseindrücke sprechen

Wer über Sinneseindrücke sprechen möchte, dem fehlen häufig die Worte. Sinneswahrnehmungen sind eng mit der Gefühlswelt verbunden und können deshalb ganz unterschiedlich wirken. Oft entstehen „unbeschreibliche" Empfindungen, und wie Eindrücke beurteilt werden, ist sehr subjektiv. Was der eine als angenehm empfindet, ist für den anderen unangenehm; Kälte- und Wärmeempfindungen sind individuell verschieden … Aber auch ein und dieselbe Person kann eine Wahrnehmung je nach Situation ganz unterschiedlich erleben. Sie sollten daher mit Kindern über das Erlebte sprechen. Eine solche „Nachbereitung" hilft, Empfindungen noch intensiver wahrzunehmen und besser einzuordnen.

Sinneseindrücke vertiefen

Achten Sie darauf, dass Kinder genügend Möglichkeiten zum Wiederholen ihrer Spielerlebnisse haben. Nur wenn sie Zeit und Gelegenheit hatten, eine Wahrnehmung beliebig oft zu wiederholen, werden die Sinneserlebnisse und -erfahrungen auch wirklich verinnerlicht.

Gewisse Grundbedürfnisse können die Wahrnehmungsbereitschaft stören. Wer etwa großen Hunger hat oder das dringende Bedürfnis, eine Toilette aufzusuchen, wird nicht mehr bereit sein, andere Reize auf sich wirken zu lassen. Angst hingegen kann unsere Wahrnehmungsbereitschaft sowohl verbessern als auch hemmen. Gehen wir zum Beispiel bei Dunkelheit durch einen Wald, werden wir auch die leisesten Geräusche sehr sensibel aufnehmen, aber kaum darauf achten, worauf wir treten. Wer Kindern also intensive Wahrnehmungserlebnisse ermöglichen will, muss ihre momentane Befindlichkeit berücksichtigen. Drängen Sie Kinder nicht zu etwas, auf das sie sich gerade nicht einlassen können oder wollen.

Vorwort 11

Wenn Sie Kindern Sinneseindrücke vermitteln möchten, sollten Sie schließlich bedenken, dass Kinder häufig anders wahrnehmen als Erwachsene: Machen Sie sich daher möglichst frei von Erwartungen, wie ein Spiel verlaufen soll. Entdecken Sie zusammen mit den Kindern immer wieder neu, wie spannend die Welt ist, wenn wir sie mit offenen Sinnen erleben.

Ich wünsche Ihnen und Ihren Kindern viel Spaß und Sinnesfreude beim Spiel mit allen Sinnen!

Lassen Sie Kinder spielen, bis sie sozusagen „gesättigt" sind und sich von selbst anderen Beschäftigungen zuwenden.

Sehen

Spiele und Beschäftigungen zur Förderung der optischen Wahrnehmungs- und Differenzierungsfähigkeit

Wie sich der Sehsinn entwickelt

Schon das Ungeborene im Mutterleib kann sehen. Mit etwa sechs bis sieben Monaten öffnet es seine Augen und kann nun hell und dunkel noch deutlicher unterscheiden.

Nach der Geburt sieht das Baby zunächst noch unscharf. Am besten nimmt es Dinge wahr, die sich etwa 25 bis 30 Zentimeter von seinen Augen entfernt befinden – das ist genau der Abstand, in dem sich Ihr Gesicht befindet, wenn Sie ein Baby auf dem Arm haben. Die Sehschärfe nimmt Woche für Woche zu. In der Regel steigert sich die Sehfähigkeit eines Kindes etwa bis zum achten Lebensjahr.

Im Lauf der Zeit entwickelt sich das Farbensehen. Dabei sind für das Baby starke Kontraste besonders gut wahrnehmbar. Zuerst, mit etwa einem Monat, sieht es die Farbe Rot, später, mit etwa vier Monaten, kommen die Farben Blau, Gelb und Grün hinzu.

Obwohl wir in einer Kultur leben, in der der Sehsinn dominiert, heißt das nicht, dass wir diesen Sinn nun bewusst vernachlässigen sollten. Vor allem Kinder sind von der ständigen visuellen Reizüberflutung überfordert. Durch die enorme Geschwindigkeit, mit der (besonders im Fernsehen) optische Eindrücke auf sie einströmen, verlernen sie oft, sich visuell auf etwas einzulassen und Einzelheiten konzentriert wahrzunehmen. Gerade diese Fähigkeit wird mit den folgenden Spielen gefördert.

Der Gesichtssinn gilt oft als der zuverlässigste – wir glauben, was wir sehen. Daher sind auch optische Täuschungen (siehe Seite 26–27) so faszinierend, weil sie deutlich machen, wie leicht die Augen zu überlisten sind.

14 *Sehen*

Beobachten und genau hinsehen

Die Spiele in diesem Kapitel schulen die Beobachtungsgabe und fördern die Konzentrationsfähigkeit. Kinder üben hier, ihre optischen Eindrücke zu vergleichen und zuzuordnen.

Spiegelbilder

Kinder sind meist der Ansicht, dass ihr Gesicht genau symmetrisch ist. Geben Sie ihnen ein Foto und einen Spiegel und verdoppeln sie mit Hilfe des Spiegels zunächst die eine, danach die andere Gesichtshälfte. Es entstehen zwei recht unterschiedliche Gesichter.

ab 2 *weiterführende Anregungen ab 4 Jahren*

Schon ganz kleine Kinder lieben es, sich im Spiegel zu betrachten. Wenn Sie ihnen Zeit lassen, fangen sie bald an, mit dem Spiegelbild zu experimentieren: Sie strecken sich selbst die Zunge heraus, zwinkern sich zu … Animieren Sie sie zu folgendem Spiel: Zwei Spielpartner stehen sich gegenüber; der eine beginnt sich zu bewegen, der andere versucht, die Bewegungen möglichst genau nachzuahmen.

Malen Sie Spiegelbilder: Ziehen Sie auf einem großen Bogen Papier die Umrisse der Kinder nach, während diese auf dem Papier liegen, dann sollen sie ihr Ebenbild mit Hilfe des Spiegels möglichst genau ausgestalten. Es kommt dabei zu einer intensiven Körperwahrnehmung, die beim Nachzeichnen der Umrisse noch vertieft wird, wenn sie die Körperteile, die gerade ummalt werden, auch benennen.

Beobachten und genau hinsehen

Sehrohr, Fernrohr, Fernglas

ab 3 — Bemalen oder bekleben Sie die Papprollen gemeinsam. Kleben Sie zwei Rollen aneinander und befestigen Sie ein Stück Wolle zum Umhängen, so entsteht ein Fernrohr.

Materialien:
Papprollen von Küchentüchern oder Toilettenpapier, Farben oder buntes Papier und Klebstoff, Wolle

Durch das eingeschränkte Blickfeld des Fernrohrs wird die Aufmerksamkeit auf den kleineren Bildausschnitt gelenkt und dadurch ein intensiveres Seherlebnis erreicht.

Vergrößerungsgläser und Lupen

ab 3 — Kinder lieben es, mit Lupen auf Entdeckungsreise zu gehen. Interessant ist es zum Beispiel, die Struktur eines Stoffes näher zu betrachten. Auch die eigene Haut an den Fingern und die unterschiedlichen Rillen genauer zu besehen macht Spaß.

Bilderbücher

ab 3 — Im Gegensatz zu den schnell wechselnden Fernsehbildern können Bilderbücher lange und immer wieder betrachtet werden. Kinder erkennen Dinge ihrer Umwelt wieder und üben, Einzelheiten aus einem Gesamtbild herauszufinden. Schneiden Sie Tonpapier oder Karton in der passenden Größe zu und an beliebigen Stellen Gucklöcher hinein. Wer kann anhand des Bildausschnittes erkennen, worum es sich auf dem Bild handelt?

Ganz intensiv wird bei der Beschäftigung mit Bilderbüchern auch die sprachliche Ausdrucksfähigkeit geübt. Regen Sie Kinder mit konkreten Fragen zum Erzählen an.

Was versteckt sich da?

ab 3 — Verstecken Sie drei Gegenstände an einer ungewöhnlichen Stelle, z.B. einen Hausschuh auf dem Tisch, eine Zahnbürste in der Blumenvase ... Wer findet sie zuerst? Der Schwierigkeitsgrad kann je nach Alter der Kinder variiert werden.
Hier wird nicht nur die Beobachtungsgabe geschult, Kinder üben auch, logische Zusammenhänge herzustellen und zu erkennen, wenn Sie mit ihnen über die „Fehler" sprechen: „Warum passt der Gegenstand nicht an diesen Ort? Wozu wird er gebraucht?"

16 *Sehen*

Detektivreise

ab 3 — ab 5 Jahren, wird mehr als ein Gegenstand gesucht

Ein wunderbares Reisespiel: Überlegen Sie gemeinsam fünf Dinge, die während der Fahrt entdeckt werden sollen: zum Beispiel eine Kirche, ein rotes Auto, ein Mann mit Hut … Für jüngere Kinder können Sie auch vorher kleine Zettel mit den gesuchten Dingen malen. Wer zuerst alles entdeckt hat, darf die nächsten benennen. Auch „Ich sehe was, was du nicht siehst, die Farbe, die ist …" macht viel Spaß.

Auf einem Spaziergang können Kinder konkrete Dinge suchen, Gegenstände mit einer bestimmten Farbe oder Eigenschaft (etwas Rundes, etwas aus Holz …).

Fahrzeugzählung

ab 4 — Spaß auf langen Autofahrten: Legen Sie gemeinsam vorher fest, welche Anzahl von Autos mit einer bestimmten Farbe, einer bestimmten Automarke oder Lastwagen entdeckt werden sollen. Wer hat zuerst zehn blaue Autos, fünf Lastwagen oder drei Omnibusse entdeckt?

Handsalat

ab 5 — Mehrere Kinder schlüpfen unter das Tuch und strecken ihre Hände kreuz und quer durch die Löcher, die vorher hineingeschnitten wurden. Ein Spieler, der vor der Tür gewartet hat, wird hereingerufen und soll die richtigen Handpaare einander zuordnen – vielleicht weiß er sogar, wem die Hände gehören. Schüttelt er ein „richtiges" Händepaar, kommt das Kind unter dem Tuch hervor. Lässt sich auch mit den Füßen spielen.

Materialien:
ein altes Lein- oder Betttuch, Schere

Hier bietet es sich an, über Individualität zu sprechen. Obwohl alle Gesichter aus den gleichen „Bestandteilen" bestehen, fällt es uns leicht, sie zu unterscheiden. Trotz aller Ähnlichkeiten sieht jeder Mensch anders aus und lässt sich auf Grund seines Fingerabdruckes identifizieren. Stellen Sie mit den Kindern Fingerabdrücke her und vergleichen Sie, bevor daraus kleine Bilder entstehen.

Beobachten und genau hinsehen **17**

Ringlein, Ringlein, du musst wandern

ab 4 Die Kinder sitzen im Kreis nebeneinander und halten die Hände aneinander vor dem Körper (wie zum Gebet). Ein Kind in der Mitte hat einen Ring in Händen. Während alle gemeinsam singen, geht es von einem Kind zum anderen und tut immer so, als würde es den Ring in die Hände des anderen fallen lassen. Ein vorher ausgewähltes Kind soll raten, wer den Ring tatsächlich erhalten hat.

*Ringlein, Ringlein,
du musst wandern,
von der einen Hand
zur andern.
Das ist gut, das ist schön,
niemand darf das Ringlein
sehn.*

Bilder oder Worte suchen

ab 3 bzw. 6 Jahren
Betrachten Sie gemeinsam ein Bilderbuch und fragen Sie ganz gezielt nach bestimmten Gegenständen, Tieren etc.: „Wer findet die kleine Maus, welches Tier sieht dem Fuchs zu …"
Ältere Kinder können auch bestimmte Buchstaben oder Worte in einem Text suchen, vielleicht sogar um die Wette. Die Frage könnte auch lauten: „Wer findet die meisten Gegenstände, die mit einem D beginnen?" oder „Welches Ding reimt sich auf Maus?"

Aufgepasst!

ab 4 Der Spielleiter legt mehrere Streichholzschachteln auf den Tisch. In eine der Schachteln steckt er sichtbar eine Kleinigkeit (Bonbon, Münze, Gummibärchen) und schiebt dann die Schachteln schnell durcheinander, kreuz und quer, hin und her. Die Kinder versuchen, ihnen mit den Augen zu folgen. Wer weiß noch, in welcher sich das Bonbon befindet? Je mehr Streichholzschachteln eingesetzt werden, desto schwieriger wird es, die gefüllte im Auge zu behalten.

*Materialien:
mehrere leere Streichholzschachteln, kleine Süßigkeiten oder Spielsachen*

18 Sehen

Vergleichen und wieder erkennen

Diese Spiele führen dazu, dass Kinder Beziehungen zwischen ihren Beobachtungen herstellen und Zusammenhänge erkennen. Sie üben Einzelheiten wahrzunehmen, Farben, Formen oder andere optische Unterschiede zu erkennen und ihre Beobachtungen zuzuordnen, um beispielsweise Oberbegriffe zu bilden.

Pantomime

ab 5   Ein Mitspieler tritt in die Mitte und soll ein bestimmtes Wort oder eine Tätigkeit pantomimisch darstellen. Die anderen erraten, was ihnen vorgespielt wurde.

Bilder raten

Materialien:
Fotos und Bilder, Papier zum Abdecken

ab 5   Fotos oder Bilder werden mit mehreren Papierstreifen verdeckt und dann Streifen für Streifen wieder sichtbar gemacht. Wer errät zuerst, um was es sich handelt?

Größen, Farben und Formen sortieren

Als Sortierboxen eignen sich Pralinen- oder Keksschachteln mit Unterteilungen.

ab 3   Kindern macht es großen Spaß, Alltagsgegenstände zu sortieren. Bieten Sie ihnen einfach eine größere Anzahl verschiedener Gegenstände an und bitten sie, sie der Größe nach zu sortieren. Anfangs gibt es nur zwei Größen, also groß und klein, später können auch mehrere Größen differenziert werden.

Kinder können die Spülmaschine ausräumen und Besteck, Teller etc. sortieren oder die Wäsche vor dem Bestücken der Waschmaschine nach Farben (weiß, bunt) trennen. Wäscheklammern, Perlen, Knöpfe, Gummibärchen usw. könnten nach Farben sortiert werden, verschieden lange Streichhölzer und Strohhalme nach den Kriterien kurz und lang. Knöpfe oder Perlen lassen sich gut der Reihe nach auffädeln.

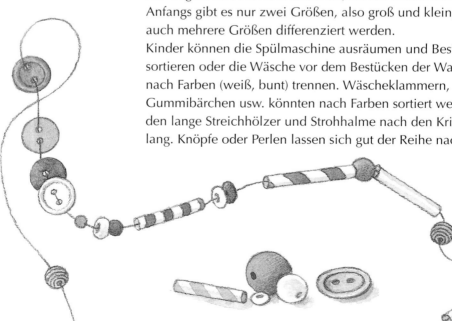

Vergleichen und wieder erkennen 19

Farben suchen

ab 4 Jedes Kind erhält zwei Bierdeckel, die es in der gleichen Farbe bemalen soll – kein Kind wählt dieselbe Farbe wie ein anderes Kind. Die Mitspieler sitzen im Kreis und alle Deckel werden gleichzeitig auf den Boden geworfen. Auf ein Zeichen hin muss jeder Spieler seine zwei Deckel herausfinden und sich schnell wieder hinsetzen. Wer als Letzter sitzt, muss ein Pfand geben oder eine Aufgabe erfüllen. Lustig ist dieses Spiel auch mit Schuhen, die ausgezogen, auf einen großen Haufen geworfen und tüchtig durchgemischt werden. Wer findet sein Paar als schnellster?

Materialien:
Bierdeckel, Farben

Wer weiß woraus?

ab 5 Der Spielleiter nimmt einen Gegenstand aus dem Korb und hält ihn hoch. Wer erkennt, woraus der Gegenstand besteht? Wer das Material zuerst richtig benennt, darf den Gegenstand zu sich nehmen. Wer mag, kann am Schluss einen Gewinner küren. Um den Tastsinn anzuregen, können die Kinder die Gegenstände auch befühlen. Lassen Sie sich die Tastempfindungen beschreiben, z.B. der Gegenstand fühlt sich kalt oder warm an, rau oder glatt … Bringen Sie die Eigenschaften mit den verschiedenen Materialien in Verbindung und sprechen Sie darüber, wofür die verschiedenen Materialien sich eignen. Wer kennt noch andere Gegenstände, die aus dem betreffenden Material bestehen?

Materialien:
Korb, verschiedene Gegenstände aus unterschiedlichen Materialien (z.B. Holz, Metall, Plastik, Stoff, Glas, Porzellan, Pappe, Leder …)

20 *Sehen*

Sehen und reagieren

Farben und Formen, Größen und Entfernungen, langsame und schnelle Bewegungen können Kinder wahrnehmen und verarbeiten. Es bedarf aber einiger Erfahrung, um abschätzen zu können, ob ein Auto sich bewegt oder steht, ob ein Gegenstand klein ist oder nur weit entfernt … Eine richtige Einschätzung ist notwendig, um auf optische Reize wie Farbsignale, Anweisungen oder auf Gefahren, etwa im Straßenverkehr, schnell und richtig reagieren zu können – das bedarf regelmäßiger Übung! Bei diesen Spielen üben die Kinder zudem, Anweisungen zu erfassen und danach zu handeln.

Ampelspiel

ab 5

Alle Spieler befinden sich auf einer Seite des Raumes, ein Kind darf die Ampel sein und steht am anderen Ende (eventuell Start- und Ziellinie markieren).
Zeigt nun die Ampel Grün, bewegen sich die Spieler mit großen Schritten zur anderen Seite, sobald aber Rot „leuchtet", müssen sie anhalten. Wer nicht sofort stehen bleibt, muss drei Schritte zurück gehen. Wer als Erster das Ziel erreicht hat, darf die neue Ampel sein.

Materialien:
ein runder Karton, auf der einen Seite rot, auf der anderen grün bemalt

Kinder lernen hier, dass Farben häufig Signalwirkung haben (Rot bedeutet „Stehenbleiben"). Oft sind auch gefährliche Dinge, z. B. heiße Gegenstände, mit roter Farbe gekennzeichnet.

Sehen und reagieren 21

Fischer, welche Fahne weht heute?

ab 5 — Der Fischer wartet auf der einen Seite des Spielfeldes, auf der anderen stehen die Kinder in einer Reihe nebeneinander. Auf die Frage: „Fischer, welche Fahne weht heute?" nennt er eine Farbe. Wer diese an sich entdeckt, darf einen Schritt in seine Richtung gehen (auch Unterwäsche, ein Haarband oder andere Dinge zählen). Wer den Fischer zuerst erreicht, darf der nächste Fischer sein.
Variation: Wer die Farbe an sich entdeckt, wechselt unbehelligt zur anderen Seite. Der Fischer versucht, die restlichen Mitspieler zu fangen. Wer gefangen wurde, unterstützt den Fischer beim nächsten Durchgang.

Bunte Fahnen

ab 4 — An jedes Kind wird ein Fähnchen verteilt. Die vier Ecken des Spielraumes werden in je einer Farbe gekennzeichnet. Alle Kinder gehen nun mit ihren Fähnchen durch den Raum, bis ein Signal ertönt (Schlag auf Handtrommel, Trillerpfeife). Jetzt muss jeder so schnell wie möglich in die Ecke mit seiner Farbe laufen. Schwieriger wird es, wenn die Fähnchen beim Umhergehen getauscht werden. Es kann auch mit Musik gespielt werden: Sobald die Musik abgeschaltet wird, sucht jeder schnell die entsprechende Ecke auf – so wird der Hörsinn angesprochen.
Die Fähnchen können vorher mit den Kindern gebastelt werden. Dabei können Sie mit den Kindern darüber sprechen, dass Fahnen und Flaggen mit bestimmten Farben und Symbolen zum Beispiel verschiedenen Ländern zugeordnet werden (Begriffsbildung: Flagge, Nationalität). Betrachten Sie als Vertiefung verschiedene Fahnen und Flaggen in einem Lexikon.

Materialien:
bunte Fähnchen in den Farben Rot, Gelb, Grün und Blau

22 Sehen

Der Farbtopf fällt um

ab 6 Allen Kindern werden verschiedene Farben zugeteilt: Die einen sind rot, die anderen grün, gelb … Ein Mitspieler, für den es keinen Sitzplatz gibt, steht in der Mitte und gibt nun verschiedene Anweisungen, z.B.: „Die rote Farbe wechselt mit der blauen Farbe." Die Kinder müssen nun die Plätze wechseln und der Spieler aus der Mitte versucht, einen Platz zu erwischen. Ruft er: „Der Farbtopf fällt um!" tauschen alle die Plätze.
Eine einfachere Variante ist „Mein rechter, rechter Platz ist leer". Es steht ein Stuhl mehr im Kreis, als Kinder mitspielen. Wer links neben dem freien Stuhl sitzt, darf sich ein anderes Kind herbeiwünschen („Mein rechter, rechter Platz ist leer, da wünsch ich mir das Kind mit der grünen Hose, dem gelben Pulli und den blonden Haaren her!"). Bei jüngeren Kindern kann es sinnvoll sein, ihnen einen entsprechenden farbigen Gegenstand, etwa einen Bauklotz oder ein Tuch, in die Hand zu geben. So fällt es ihnen leichter, sich die Farbe zu merken.

Materialien:
Ball

Neben der Farbwahrnehmung wird auch körperliche Geschicklichkeit geübt.

Zeig mir etwas

ab 5 Die Kinder sitzen im Kreis, ein Kind steht in der Mitte mit dem Ball in der Hand. Es wirft einem anderen den Ball zu und sagt: „Zeig mir etwas, das blau ist!" Wer den Ball fängt und die Aufgabe erfüllt, darf selbst in die Mitte gehen und die nächste Aufgabe stellen.

Schnelle Bewegungen in unserem Blickfeld lassen uns reagieren, wir zucken zusammen oder laufen weg, um uns in Sicherheit zu bringen. Bei diesem Spiel wird nicht nur die Reaktionsfähigkeit in besonderer Weise geschult, sondern auch das schnelle Erfassen von Bewegungen.

Ochs am Berg

ab 5 Ein Kind darf der Ochse sein, der sich mit dem Gesicht zu einer Wand oder einem Baum aufstellt. Die anderen Spieler stehen mit etwas Abstand in einer Reihe nebeneinander. Nun ruft der Ochse mal langsamer, mal schneller: „Ochs am Berg, eins, zwei, drei!" und dreht sich blitzschnell um. Während der Ochse ruft, versuchen die anderen Kinder, so dicht als möglich an den Ochsen heranzukommen. Sie dürfen ihn aber nicht aus den Augen verlieren, denn sie müssen sofort stehen bleiben, wenn der Ochse sich umdreht. Entdeckt der Ochse ein Kind, das sich noch bewegt, muss es wieder zur Startlinie zurück. Wer zuerst beim Ochsen angekommen ist, darf der neue Ochse sein.

Lichthexe fangen

ab 4 Die angeschaltete Taschenlampe wandert als „Lichthexe" durch den abgedunkelten Raum, die Kinder versuchen, sie zu fangen. Wer sie erwischt hat, darf als Nächster die Taschenlampe führen. Wird die Taschenlampe mit einer farbigen Folie beklebt, entsteht eine bunte Lichthexe.

Wenn Sie nicht sofort nach dem Verdunkeln des Raumes mit dem Spiel beginnen und den Kindern Zeit lassen, sich an die Dunkelheit zu gewöhnen, erleben sie, wie unsere Augen in der Lage sind, sich auf veränderte Lichtverhältnisse einzustellen. Die Pupillen benötigen Zeit, um sich zu weiten und den Lichtverhältnissen anzupassen. Schalten Sie nun die Taschenlampe an und blicken die Kinder für einen kurzen Moment in den Lichtstrahl, können sie sogar beobachten, wie die Pupillen sich verengen, um sich vor dem Lichteinfall zu schützen. Auch hierfür brauchen sie ein wenig Zeit, deshalb fühlen wir uns geblendet, wenn wir aus einem dunklen Raum ins Sonnenlicht treten. Erklären Sie die Funktion von Sonnenbrillen.

**Materialien:
Taschenlampe, eventuell verschiedenfarbige, durchsichtige Plastikfolien**

Achten Sie auf Fairness, damit die Taschenlampe nicht weiterbewegt wird, obwohl ein Kind den Lichtkegel schon berührt hat.

Sehen und merken

Bei den folgenden Spielen üben die Kinder genau hinzusehen, sich Einzelheiten einzuprägen und Unterschiede zu erkennen. Wenn es darauf ankommt sich zu erinnern, werden Konzentration, Merkfähigkeit und Gedächtnis trainiert.

Es gibt viele Möglichkeiten, Kinder zum konzentrierten Hinsehen anzuregen. Schon mit einer einfachen Handpuppe kann man Kinder begeistern und ihre Aufmerksamkeit immer wieder aufs Neue fesseln.

Zimmer-Kim

ab 5 Mehrere Mitspieler verlassen das Zimmer. Nun wird schnell etwas (oder mehrere Dinge – Anzahl vorher absprechen) im Raum verändert (Stühle weggerückt, Sofakissen an andere Stelle gelegt, Kuchenrest aufgegessen, Bilder umgehängt, Vorhänge geschlossen …). Die Mitspieler werden wieder hereingebeten und sollen die Veränderung finden. Wer sie als Erster entdeckt, darf nun selbst im Zimmer bleiben und eine Veränderung vornehmen.

Dieses und die folgenden Spiele zählen zu den so genannten Kim-Spielen, bei denen es in erster Linie darauf ankommt, Konzentration, Merkfähigkeit und Gedächtnis zu trainieren.

Fehlt hier was?

ab 5 Die Gegenstände werden auf das Tablett gelegt und mit einem Tuch verdeckt. Der Spielleiter nimmt für kurze Zeit das Tuch weg und alle Mitspieler prägen sich die Gegenstände möglichst gut ein. Dann werden die Gegenstände wieder abgedeckt und unter dem Tuch oder mit dem Tuch ein Gegenstand weggenommen. Wer erkennt am schnellsten, welcher Gegenstand fehlt?
Variation: Ein Gegenstand kommt dazu.

*Materialien:
Ein Tablett, ein Tuch, mehrere kleine Gegenstände, z.B. Bleistift, Radiergummi, Teelöffel, Brille, Murmel, Stein, Korken, Kastanie …*

Oder: Die Mitspieler versuchen aus dem Gedächtnis alle Gegenstände, die sich auf dem Tablett befunden haben, aufzuzählen – wer kann sich an alles erinnern? Kann jemand die Gegenstände sogar beschreiben (Farbe, Form ...)?
Sie können auch mit Memorykarten oder Dominosteinen spielen. Vielleicht nehmen Sie gar keine Karte oder Stein weg, sondern verändern nur die Reihenfolge – wer kann die ursprüngliche Reihenfolge wieder herstellen?

Auch Bilder-Kim ist spannend. Die Kinder sollen sich ein Bild oder Foto einprägen und das verdeckte Bild dann möglichst genau beschreiben. Es können auch gezielte Fragen zum Bildinhalt gestellt werden.

Wer fehlt?

ab 4 Ein Mitspieler verlässt den Raum. Nun wählt der Spielleiter ein Kind aus, das sich unter einer Decke verstecken darf. Der Mitspieler darf wieder hereinkommen und soll erraten, wer im Kreis fehlt. Findet er die Lösung nicht, darf er das Kind unter der Decke auffordern, einen Fuß oder eine Hand unter der Decke hervorzuschieben – vielleicht erkennt es den Hausschuh, einen Ring oder Ärmel und kann ihn richtig zuordnen.

Materialien:
eine Decke

Wenn der Ratende das Kind unter der Decke auffordert, ein Wort zu sagen, wird der Hörsinn angeregt. Vielleicht hilft es auch, das versteckte Kind zu betasten, dann wird auch der Tastsinn angeregt.

26 *Sehen*

Optische Täuschungen

Die Beschäftigung mit optischen Täuschungen macht Spaß und ist spannend. Sie regen zu genauem Hinsehen an und bieten auch eine gute Möglichkeit, Kindern zu zeigen, dass unsere Sinne sich unter bestimmten Bedingungen täuschen lassen. Gleich große Gegenstände etwa erscheinen größer, wenn sie näher, und kleiner, wenn sie weiter entfernt sind. Gerade Kindern fällt es schwer, tatsächliche Größen in Abhängigkeit von der Entfernung zu erkennen.

Wunderscheibe

Materialien:
zwei gleich große Papierscheiben mit etwa 5 cm Durchmesser (oder mit Tonpapier beklebte Bierdeckel mit einem Loch auf der rechten und linken Seite), Wolle

ab 5 Auf die eine Papierscheibe wird ein Tisch gemalt, auf die andere eine Schüssel mit Essen. Der Wollfaden wird verknotet und so zwischen die Papierscheiben geklebt, dass rechts und links eine Schlinge entsteht und auf jeder Seite der Scheibe ein Bild zu sehen ist. Nun nimmt man je ein Ende des Wollfadens in die Hand und schwingt die Scheibe einige Male im Kreis. Wird der Faden abwechselnd locker gelassen und angespannt, entsteht durch die sich drehende Papierscheibe der Eindruck, als würde die Schüssel auf dem Tisch stehen. Sie können auch andere Bilder miteinander verbinden, z.B. ein Schaukelpferd mit einem Reiter oder eine Blume mit einem Käfer … Die beiden Bilder bewegen sich so schnell, dass unsere Augen nicht mit dem Sehen nachkommen – sie sehen noch den Tisch, während sich schon die Schüssel zeigt.

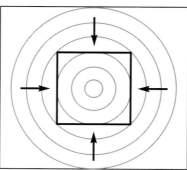

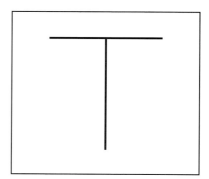

Sind die Seiten des Quadrats wirklich gerade?
Erst raten, dann mit einem Lineal nachprüfen.

Sind Querbalken und senkrechter Balken gleich lang?
Zuerst raten, dann messen!

Optische Täuschungen

Einäuglein

ab 6 Einem Kind wird mit einer Augenklappe ein Auge verschlossen. Es soll nun versuchen, Wasser aus der Flasche in das Glas zu gießen. Gar nicht so einfach!
Variation: Die Kinder sollen versuchen, nach einem kleinen Gegenstand zu greifen, auf einen bestimmten Punkt zeigen, eine Nadel einfädeln … Sprechen Sie mit den Kindern anschließend über ihre Erfahrungen. Dabei bietet sich eine gute Gelegenheit zu erklären, dass die Bilder, die wir sehen, eigentlich aus zwei Bildern bestehen, die in unserem Gehirn miteinander verbunden werden. Nur wenn wir Gegenstände mit beiden Augen gleichzeitig aus unterschiedlichen Blickwinkeln erfassen, wird räumliches Sehen möglich. Unser Gehirn verwertet die Eindrücke, die mit beiden Augen aufgenommen werden, und setzt sie entsprechend um.

Materialien:
Flasche mit Wasser, Glas, Augenklappe oder Tuch

Hüpfbilder

ab 5 Die Kinder suchen zwei Gegenstände, die sich in einiger Entfernung mit nicht zu viel Abstand nebeneinander befinden, z. B. zwei Bäume, zwei Fenster eines Hauses … Nun kneifen sie das rechte Auge zu und zeigen auf den rechten Gegenstand. Während sich der Finger nicht von der Stelle bewegt, also weiter in die gleiche Richtung zeigt, öffnen sie das rechte Auge und schließen das linke. Verblüffend! – der Zeigefinger weist auf den linken Gegenstand.

Kinder können auch ihre Nase hin und her tanzen lassen, wenn sie auf die Nasenspitze schauen und abwechselnd das linke und das rechte Auge zukneifen.

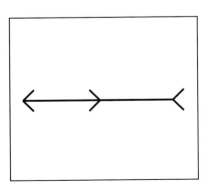

Welche Linie zwischen den Pfeilspitzen ist länger?
Zuerst raten, dann messen!

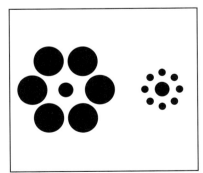

Welcher der beiden Kreise in der Mitte ist größer?
Zuerst raten, dann messen!

Hören

Spiele und Beschäftigungen zur Förderung der akustischen Wahrnehmungsfähigkeit und des Sprachverständnisses

Wie sich der Hörsinn entwickelt

Schon das Ungeborene kann hören. Bereits im dritten Monat beginnen die äußeren Teile des Ohres zu wachsen, und am Ende des dritten Monats kann das Baby hören – zumindest laut und leise differenzieren. Spätestens Ende des sechsten Monats reagiert ein Kind auf verschiedene akustische Reize. Auch Geräusche von außen erreichen sein Ohr. So kann eine Mutter spüren, wie es sich plötzlich heftig bewegt, wenn ein lautes Geräusch zu ihm durchdringt.

Nach der Geburt hören Kinder zunächst hohe Töne besser als tiefe. Erwachsene passen sich dieser Fähigkeit instinktiv an, indem sie unwillkürlich die Stimme heben, wenn sie zu einem Baby sprechen. Die Fähigkeit, hohe Frequenzen wahrzunehmen, nimmt im Laufe unseres Lebens ständig ab. Weil das Gehör äußerst sensibel reagiert, sollten wir es nicht ständig starkem Lärm aussetzen, um es nicht nachhaltig zu schädigen.

Unser Hörerleben wirkt sich auch auf unsere seelische Verfassung aus. So wirken beispielsweise Mozart und Vivaldi beruhigend, Beethoven regt an und laute Pop- und Rockmusik kann uns an- oder gar aufregen. Diese Wirkung kann durch Messen des Blutdruckes und des Pulses überprüft werden. Die beruhigende Wirkung von Klängen erfahren Sie ganz eindrücklich, wenn Sie kleinen Kindern, die sich wehgetan haben, „Heile, heile Segen" vorsingen. Wenn Sie Ihrem Kind, sogar dem ungeborenen Kind, vorsingen, vermitteln Sie ihm eine fröhliche Grundstimmung und Geborgenheit, nicht zuletzt deshalb, weil singen auch auf Sie selbst beruhigend wirkt.

Wie auch beim Sehen wählt das Gehirn aus der Flut von akustischen Informationen, die auf uns einströmen, nur einen Teil aus.

30 Hören

Sprachspiele

Hören ist eine der wichtigsten Voraussetzungen für unsere Verständigung. Sprachspiele verhelfen Kindern dazu, genau hinzuhören und ähnliche Laute und Worte zu unterscheiden. Sie trainieren die Sprechfähigkeit, den so genannten aktiven Wortschatz.

Koffer packen

Neben der Vorstellungskraft üben Kinder bei diesem Spiel Konzentration und Merkfähigkeit.

ab 5 Der Spielleiter beginnt und gibt einen Satz vor: „Ich verreise und packe in meinen Koffer eine Zahnbürste." Der nächste Spieler wiederholt den Satz und packt noch einen Gegenstand dazu. So geht es nun reihum weiter („Ich verreise und packe in meinen Koffer eine Zahnbürste, ein Handtuch, ein Hemd ..."), bis ein Spieler sich verspricht oder etwas vergisst. Entweder scheidet dieser Spieler aus oder Sie beginnen an dieser Stelle neu.

Telefonieren

Materialien:
zwei Jogurtbecher oder Dosen und Bindfaden (ca. 3–10 Meter lang)

ab 4 In den Becher- oder Dosenboden ein Loch bohren, jeweils ein Ende des Fadens innen verknoten oder mit Zahnstochern befestigen. Wird der Faden straff gespannt, können sich die Gesprächsteilnehmer unterhalten. Schon kleine Kinder lassen sich durch ein Spielzeugtelefon zum Sprechen und Zuhören anregen. Weil sie ihren Gesprächspartner nicht sehen, müssen sie genau hinhören.

Gegensätze finden

ab 5 Der Spielleiter nennt ein Eigenschaftswort. Wer zuerst das gegensätzliche Wort findet, darf das nächste vorgeben. Der Schwierigkeitsgrad steigt, wenn nicht nur gegensätzliche Eigenschaften, sondern auch dazupassende Dinge gefunden werden sollen: Der Elefant ist groß – die Maus ist klein.

Die Kinder erweitern nicht nur ihren Wortschatz, sondern erfassen auch Bedeutung der Eigenschaftswörter. Zudem wird ihre Vorstellungskraft angeregt.

Lügengeschichten

ab 5 Erzählen Sie eine Geschichte, in der eine Reihe Fehler enthalten sind. Die Kinder rufen „Stopp!", sobald sie einen erkennen. Für jeden richtig erkannten Fehler gibt es einen Punkt. Zum Beispiel: Gestern Nacht, die Sonne schien heiß, sind wir mit dem Auto auf einen Berg gelaufen … Auch hier kommt es nicht nur darauf an, genau hinzuhören, sondern die Bedeutung der Worte zu erfassen und Zusammenhänge zu verstehen.

Für das aktive Sprachvermögen ist es wichtig, wenn Sie den Kindern den Fehler auch erklären.

Kuckucksei

ab 5 Sie nennen Ihrem Kind mehrere Wörter (etwa fünf), die zusammengehören. Nur ein Wort passt nicht dazu – das ist das Kuckucksei, das es herauszufinden gilt. Zum Beispiel: „Stuhl – Sofa – Schrank – Ball – Tisch" oder „rot – gelb – rund – blau – grün". Wer erkennt, welches Wort nicht dazu passt und kann auch begründen, warum?

Der Wortschatz wird durch die Bildung der Oberbegriffe erweitert. Die genannten Gegenstände werden miteinander in Beziehung gesetzt, Zusammenhänge erkannt und die Vorstellungskraft geschult.

Hören

Musik- und Geräuschinstrumente

Kindern macht es Spaß, selbst Geräusche und Töne zu erzeugen. Sie machen selbst gerne Musik, dabei ist ihr wichtigstes Instrument ihre Stimme. Mit Instrumenten Melodien zu spielen ist für jüngere Kinder zunächst noch zu schwer, deshalb werden Instrumente meist rhythmisch eingesetzt und die Kinder bewegen sich dazu.

Eine schöne Form, mit selbst gefertigten Instrumenten zu arbeiten, ist ihr Einsatz in Klanggeschichten. Die wohl bekannteste vertonte Geschichte ist „Peter und der Wolf", ein weiteres Beispiel finden Sie im letzten Kapitel des Buches (Seite 100–103). Hier wird sehr schön deutlich, wie wir mit Tönen auch Stimmungen und Gefühle zum Ausdruck bringen können. Mit Instrumenten kann man ganz unterschiedliche Töne und Geräusche erzeugen – leise und laute, hohe und tiefe, manche klingen traurig, manche fröhlich, manche regen uns auf, während andere uns beruhigen.

Materialien:
Filmdosen, Gläschen von Babynahrung, Jogurtbecher, Luftballons, Glühbirnen; Füllmaterial: Steinchen, Perlen, Reis, Hülsenfrüchte, Nudeln, Sand, Eicheln, Kronkorken, Knöpfe, Schrauben ... Klebeband, Kleister, Seidenpapier

Beim Einsatz von Körperinstrumenten wird meist auch ein Gefühl für Rhythmus entwickelt und die Motorik geschult.

Rasseln zum Tanzen und Krachmachen

ab 3 Die Gefäße werden bemalt oder verziert, befüllt und falls nötig (für die ganz Kleinen) mit Klebeband und Klebefolie verschlossen. Die Luftballons befüllen, nur wenig aufblasen und zuknoten. Die Glühbirnen abwechselnd mit Kleister bestreichen und mit Seidenpapierfetzen in mindestens fünf Lagen bekleben.
Wenn sie gut getrocknet sind (am besten mehrere Tage), die Birne kurz an eine Kante schlagen, damit das Glas im Innern bricht.

Körperinstrumente, Knister- und Raschelspiele

ab 3 Klatschen oder auf die Oberschenkel patschen, mit den Lippen prusten, mit der Zunge schnalzen, pfeifen, hauchen ...
Die Möglichkeiten sind unbegrenzt. Kinder lieben es auch, Papier zu knüllen oder zu reißen und durch die Luft zu schwingen. Wenn Sie Ihrem Kind verschiedene Papiere (Butterbrotpapier, Seidenpapier, Packpapier, Wellpappe ...) anbieten, hört es, wie unterschiedliche Geräusche entstehen.

Musik- und Geräuschinstrumente **33**

Klangdosen

ab 5 In den Jogurtbecher seitlich ein Loch schneiden. An der oberen Öffnung mit Hilfe eines Gummibandes einen zerschnittenen Luftballon befestigen. Wird in die seitliche Öffnung gesprochen oder geblasen, beginnt die Bespannung zu schwingen. Wenn Sie einige Salzkörner darauf streuen, beginnen diese sich zu bewegen, sobald man in das eingeschnittene Loch bläst – es entstehen „Klangmuster".

Materialien:
Jogurtbecher, Luftballon, Gummiband, Schere

Bei diesem Instrument und beim Einsatz von Trommeln werden die Schwingungen der Bespannungen oder Saiten sichtbar. Sie können Kindern so die Funktionsweise unseres Gehörs, insbesondere des Trommelfells, das die Schallwellen aufnimmt und dadurch in Schwingungen versetzt wird, erklären.

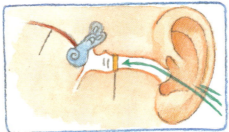

Sprachrohr/Megaphon

ab 3 Die Papprollen bemalen oder bekleben, bevor sie als Sprachrohre zum Einsatz kommen. Aus dem Fotokarton einen Viertelkreis ausschneiden, zu einer Tüte rollen und zusammenkleben oder -klammern.
Wenn wir durch eine Papprolle sprechen, klingt die Stimme ganz verändert. Noch spannender wird es, wenn Sie in die Rolle ein Loch stechen, wie bei einer Flöte, und an der vorderen Öffnung mit einem Gummiring ein Stück Transparentpapier befestigen. Mit dem Megaphon können die Kinder Polizei oder Feuerwehr spielen.

Materialien:
Papprollen, Transparentpapier und Gummiring, Fotokarton, Schere

Sprechen Sie mit Kindern darüber, wie individuell verschieden Stimmen sind. In der Regel können wir jemanden nur an seiner Stimme erkennen und auch, ob die Person fröhlich, traurig oder wütend ist. Es ist allerdings leicht, die Stimme zu verändern und sein Gegenüber zu täuschen.

Differenzieren und wieder erkennen

Kindern fällt es heute häufig schwer, konzentriert zuzuhören. Sie werden von Sinnesreizen überflutet und müssen es unter erschwerten Bedingungen wieder lernen, wichtige von unwichtigen akustischen Eindrücken zu unterscheiden. Neben dem Erzählen von Märchen und Geschichten können die nachfolgenden Spiele helfen, konzentriertes Zuhören zu üben.

Stille-Übung

ab 5   Eine wichtige Voraussetzung für konzentriertes Hören ist es, still zu werden. Alle Kinder sitzen im Kreis. Sie werden gebeten, ganz mucksmäuschenstill zu sein und die Augen zu schließen. Sind alle ganz ruhig, fordern Sie sie auf, in die Stille zu horchen. Wer hört etwas? Nach einer Weile öffnen die Kinder die Augen und erzählen. Sie sind oft erstaunt, wie viele Geräusche sie noch wahrnehmen, z.B. das Knacken eines Stuhles, das Ticken einer Uhr, ein vorbeifahrendes Auto … Es bedarf einiger Übung, bis es allen gelingt, ganz still zu werden.

Geräusch-Memory

Materialien: Filmdosen, Streichholzschachteln oder Gläser (Babykost), Füllmaterial (z.B. Erbsen, Reis, Knöpfe, Nägel, Steine, Murmeln, Büroklammern …)

ab 5   Die Gefäße können von außen bemalt werden, damit der Inhalt nicht sichtbar ist. Immer zwei leere Behälter werden mit dem gleichen Material befüllt und an der Unterseite mit einem Punkt gleicher Farbe markiert. Dann werden die Gläser durcheinander aufgestellt.

Sind genügend Dosen befüllt, können die Kinder wie beim Memoryspiel beginnen und immer zwei Dosen nacheinander schütteln und horchen. Wer zwei gleich klingende Behälter gefunden hat, darf sie behalten. Die Kinder können auch raten, womit die Dosen gefüllt sind.

Differenzieren und wieder erkennen

Klanggarten

ab 5 Die Kinder dürfen sich von verschiedenen Instrumenten eines auswählen und sich im Raum verteilen – sie sind die klingenden Blumen.
Ein Kind stellt sich mit geschlossenen oder verbundenen Augen dazu. Nun darf ein Kind auf ein Zeichen des Spielleiters hin sein Instrument zum Klingen bringen. Erst wenn das Instrument ganz verklungen ist, soll das Kind in der Mitte seine Augen öffnen und sich zu demjenigen stellen, dessen Instrument es seiner Meinung nach gehört hat. Hat es das Instrument richtig erkannt, werden die Rollen vertauscht. Schwieriger wird es, wenn zunächst mehrere Kinder nacheinander ihre Instrumente zum Klingen bringen und das Kind die Blumen in der richtigen Reihenfolge aufsuchen muss.

Materialien:
für jedes Kind ein Instrument, eventuell eine Augenbinde

Bei diesem Spiel geht es nicht nur darum, akustische Eindrücke zu unterscheiden und zuzuordnen, auch das Richtungshören wird trainiert.

Geräusche raten

ab 4 Einem Mitspieler werden die Augen verbunden. Nun erzeugen die anderen verschiedene Geräusche. Der Blinde muss die Geräuschquelle erraten.
Die Kinder können auch in einer Reihe nebeneinander mit dem Rücken zum Spielleiter sitzen und die Augen schließen. Der Spielleiter erzeugt nun hinter ihrem Rücken ein Geräusch. Wer es zuerst richtig erraten hat, darf nun selbst ein neues Geräusch erzeugen.

Materialien:
Augenbinde, Alltagsgegenstände wie Gläser, Teller, Löffel, Papier …

Beispiele: Papierrascheln, das Klopfen an ein Glas, das Ticken einer Uhr, das Einschenken eines Getränks, das Umblättern einer Buchseite, klatschen, stampfen, auf den Tisch klopfen, die Hände reiben, zwei Löffel zusammenschlagen …

36 Hören

Tierfamilien bilden

ab 5 Die Zettel werden vermischt und verdeckt an die Mitspieler verteilt.
Jedes Kind soll die Geräusche von sich geben, die für das Tier auf seinem Zettel typisch sind. Gleichzeitig muss es versuchen, seine Familienmitglieder herauszuhören.

Materialien:
so viele Zettel wie Teilnehmer (am besten neun oder mehr), mit jeweils mindestens drei gleichen Tierbezeichnungen (für kleinere Kinder Tierabbildungen) zum Beispiel drei Zettel mit Hunden, drei Zettel mit Eseln …

Es ist gar nicht so leicht und erfordert genaues Hören und Differenzieren, um sich im Stimmengewirr zu finden. Es kommt darauf an, Höreindrücke zu filtern und Wichtiges von Unwichtigem zu unterscheiden.

Hänschen, piep einmal

ab 4 Alle Mitspieler sitzen im Kreis. Der Spielleiter verbindet einem Kind die Augen. Nun führt er dieses Kind zu einem Mitspieler, auf dessen Schoß es sich setzen darf. Es sagt: „Hänschen, piep einmal!" und das andere antwortet mit einem kurzen „Piep". Wenn der Blinde die Stimme erkannt hat, darf der, der gepiepst hat, der nächste Blinde sein – sonst muss ein neuer Versuch gestartet werden. Schwieriger wird es, wenn der Antwortende die Stimme verstellen darf.

Ebenso wie Menschen sich äußerlich unterscheiden, differieren auch ihre Stimmen. Allerdings fällt es uns viel schwerer, uns nur auf unser Gehör ohne Zuhilfenahme des Sehsinnes zu verlassen, weil unser Gehör nicht gut genug funktioniert, um alle feinen Unterschiede wahrnehmen zu können.

Alle Vögel fliegen hoch

ab 5 Alle Mitspieler legen ihre Zeigefinger auf den Tisch und tippen damit auf die Tischkante. Nun lässt ein Spielführer alle möglichen Tiere und Gegenstände und gleichzeitig dazu die Hände in die Luft fliegen. Der Spielführer hebt die Hände immer, egal ob das Tier oder der Gegenstand tatsächlich fliegen kann. Heben die Mitspieler die Hände, obwohl das genannte Objekt nicht fliegen kann, scheiden sie aus. Wer am Schluss übrig bleibt, ist der nächste Spielführer.

Hier geht es nicht nur darum, genau hinzuhören, sondern auch schnell den Sinn zu erfassen und Zusammenhänge zu erkennen – die Vorstellungskraft wird dabei besonders trainiert.

Geisterstunde

ab 4 Für Kinder ist es ein ganz besonderes Erlebnis, wenn sie im Dunkeln draußen sein dürfen. Sie könnten am Tag gemeinsam ein gemütliches Lager herrichten, etwa eine Decke oder ein Deckenzelt (eine Decke, die über einen Ast oder eine Schnur gelegt wird, Decken als Wände an einer Wäschespinne), das dann alle zu später Stunde aufsuchen. Wenn die Kinder ganz leise werden und lauschen, können sie viele verschiedene Geräusche wahrnehmen: Stimmen, Autos, Fahrräder, die vorbeifahren, aber auch Tiere, das Knacken eines Astes, das Brummen oder Summen eines Insekts ...

Richtungshören

Bei den bisherigen Spielen kommt es in erster Linie darauf an, möglichst schnell auf akustische Reize zu reagieren. Bei den folgenden geht es zum einen auch um das Reaktionsvermögen, diesmal aber in Kombination mit der Fähigkeit, die Richtung der Geräuschquelle zu orten. Sie können den Kindern erklären, dass Richtungshören deshalb möglich wird, weil wir zwei Ohren haben: Die Schallwellen erreichen das eine Ohr kurz vor dem zweiten – so erkennen wir, aus welcher Richtung ein Geräusch kommt.

Blinder Spaziergang

Materialien: für jedes Kind ein Instrument, eventuell eine Augenbinde

ab 6 Einem Kind werden die Augen verbunden. Der Blinde geht im Raum spazieren. Sobald er einem anderen Kind zu nahe kommt, bringt dieses sein Instrument zum Klingen – so weiß der Blinde, wann er ausweichen muss.
Später kann ein Kind sein Instrument erklingen lassen und sich dabei langsam durch den Raum bewegen. Das andere Kind soll ihm nur nach Gehör folgen.

Das versteckte Glöckchen

Materialien: Glöckchen

ab 5 Alle Kinder sitzen im Stuhlkreis, ein Kind verlässt den Raum. Ein Kind erhält ein kleines Glöckchen, das es hinter seinem Rücken verstecken soll. Alle anderen halten ebenfalls ihre Hände hinter dem Rücken. Jetzt wird das Kind vor der Tür hereingerufen und das Glöckchen ertönt. Wer hat es? Hat das Kind richtig geraten, darf es sich auf den Platz setzen, auf dem das Kind mit dem Glöckchen gesessen hat – dieses darf nun vor die Tür gehen und als Nächstes versuchen, die Position des Glöckchens herauszufinden.

Ozeanwelle

ab 7 Alle Spieler sitzen im Kreis, die Stühle müssen ganz eng beieinander stehen. Ein Stuhl bleibt leer. Ein Spieler geht in die Mitte, er ist der Kapitän. Gibt er das Kommando „nach rechts", muss derjenige, an dessen rechter Seite der Stuhl frei ist, nach rechts rücken, alle folgenden Spieler rücken möglichst schnell nach. Beim Kommando „nach links" wechselt die ganze Welle in die andere Richtung. Wenn es dem Kapitän gelingt, sich auf den freien Stuhl zu setzen, muss der, der zu langsam war, die Rolle des Kapitäns übernehmen. Je schneller das Spiel gespielt wird, desto lustiger wird es.

Die Kinder üben in diesem Spiel, die Richtungsangaben rechts – links zu verstehen und umzusetzen.

Der König hat Kopfweh

ab 5 In der Mitte steht der Stuhl, auf dem der König mit verbundenen Augen sitzt. Die anderen Kinder sind die Untertanen und versuchen nacheinander, an den Thron zu kommen. Sie bewegen sich möglichst leise auf den König zu. Nimmt der König ein Geräusch wahr, zeigt er mit einem entrüsteten: „Der König hat Kopfweh!" in die Richtung, aus der er ein Geräusch vernommen hat. Stimmt die Richtung genau, scheidet der gehörte Untertan aus. Wer als Erstes an den Thron kommt, darf der nächste König sein. Gerne spielen Kinder auch die „süße Variante": Auf dem Stuhl sitzt der Wachhund, darunter befinden sich Süßigkeiten. Die Mitspieler versuchen nacheinander, daranzukommen. Sobald der Wachhund ein Geräusch hört, bellt er und zeigt in die Richtung, aus der er das Geräusch vernommen hat. Zeigt er tatsächlich auf den anschleichenden Dieb, muss dieser, ohne eine Süßigkeit zu nehmen, den nächsten Wachhund spielen.

Materialien:
Augenbinde

40　Hören

Hören und reagieren

Durch Geräusche orientieren wir uns in unserer Umgebung. Geräusche können, ebenso wie Farben, Signalwirkung haben. Diese Funktion wird zum Beispiel bei einer Sirene, beim Martinshorn oder einer Autohupe bewusst eingesetzt. Manchmal, etwa im Straßenverkehr, ist es notwendig, eine entsprechende Reaktion kennen gelernt und verinnerlicht zu haben. Es geht aber nicht nur darum, *schnell* auf ein akustisches Signal reagieren zu können. Um *richtig* zu reagieren, ist es oft auch von entscheidender Bedeutung, die Richtung, aus der es kommt, sicher zu erkennen.

Bei diesem Spiel können Sie auf einfache Art die Hörfähigkeit der Kinder überprüfen.

Flüstern

ab 6　Dieses Spiel funktioniert ähnlich wie das bekannte „Blinzeln": Alle Kinder stehen im Kreis. Ein Kind begibt sich in die Mitte und flüstert den Namen eines Kindes im Kreis, ohne dieses Kind anzusehen. Dieses Kind tauscht nun mit dem Kind in der Mitte den Platz und darf den nächsten Namen flüstern. Es könnten auch immer zwei Kinder im Kreis hintereinander stehen. Das Kind, das hinten steht, versucht seinen Spielpartner zu behalten, indem es ihm schnell die Hände auf dessen Schultern legt, sobald dessen Namen geflüstert wird.

**Materialien:
Krepppapierstreifen mit Tesafilm, Augenbinde**

Hühner rupfen

ab 4　Einem Kind werden die Augen verbunden. An seiner Kleidung werden etwa zehn Papierstreifen mit Tesafilm – die Federn des Hühnchens – befestigt. Die anderen versuchen, möglichst viele Federn zu rupfen. Dazu schleichen sie sich leise an, denn wer vom Huhn berührt wird, scheidet aus oder wird das nächste Hühnchen. Die Kinder können auch reihum immer eine Feder rupfen. Werden sie vom Hühnchen entdeckt, müssen sie warten, bis sie wieder an der Reihe sind.

Aramsamsam

 wenn nicht die richtige Reihenfolge eingehalten werden muss, schon ab 3

Aramsamsam, aramsamsam, gulli, gulli, gulli, gulli, gulli ramsamsam.
Aramsamsam, aramsamsam, gulli, gulli, gulli, gulli, gulli ramsamsam.
Arafi, arafi, gulli, gulli, gulli, gulli, gulli ramsamsam.
Arafi, arafi, gulli, gulli, gulli, gulli, gulli ramsamsam.

Die Kinder sitzen im Kreis. Nun kann der Sitztanz beginnen. Dazu wird der Text gesprochen oder gesungen. Zu jedem Wort gehört eine andere Bewegung:

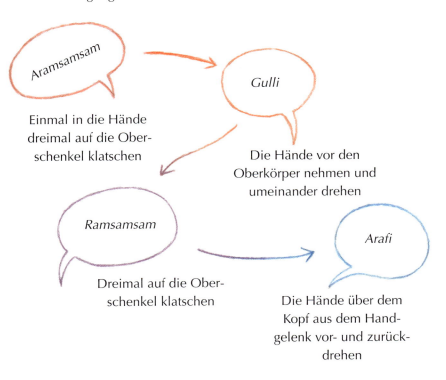

Die Strophe wird sehr häufig wiederholt. Das macht den Kindern riesigen Spaß, obwohl es eine ganze Weile dauert, bis sie den Bewegungsablauf beherrschen. Mit etwas Übung kann die Strophe immer schneller gesprochen oder gesungen werden. Geschicklichkeit, Gefühl für Rhythmus und das Gedächtnis werden trainiert.

Malen und gestalten nach Musik

Bei den folgenden Spielen geht es nur indirekt darum, auf akustische Signale zu reagieren. Vielmehr erleben Kinder, wie sich unser Hörerleben auf unsere seelische Verfassung und auf unsere Gefühle auswirkt. Es gibt Musik, die auf uns sanft und beruhigend wirkt, Musik, die uns anregt und Musik, die uns aufregt und beunruhigt. Obwohl Sie die Kinder zunächst einmal ganz frei malen lassen sollten, kann es sehr interessant sein, mit ihnen anschließend über ihre Empfindungen und Stimmungen zu reden. Mit älteren Kindern können Sie auch darüber sprechen, was ihre Bilder ausdrücken. Hierbei wird deutlich, dass die Empfindungen individuell sehr verschieden sein können – es gibt kein falsch oder richtig!

Malen nach Musik

ab 5 Kindern macht es großen Spaß, nach Musik zu malen. Geben Sie ihnen einfach den Auftrag zu malen, was sie hören. Auf eindrucksvolle Weise setzen sie dann Melodie oder Rhythmus in Bilder um. Sowohl die Farbwahl als auch die Formgebung wird von Gefühlen und Empfindungen beeinflusst.

Bewegen nach Musik

ab 4 Auf gleiche Weise funktioniert auch die Umsetzung von Gehörtem in Bewegung – Kinder bewegen sich harmonisch, oft entsteht schon ein richtiger Ausdruckstanz.
Hier einige Varianten: Eiszeit: Die Kinder bewegen sich nach Musik. Sobald die Musik ausgeschaltet wird, verharren die Kinder mitten in der Bewegung – sie „gefrieren".
Tüchertanz: Alle Kinder halten gemeinsam ein Tuch und bewegen sich nach der Musik. Keiner darf das Tuch loslassen – so müssen die Bewegungen aufeinander abgestimmt werden.

Hören und merken

Unser Gedächtnis funktioniert häufig recht gut, wenn es darum geht, visuelle Eindrücke zu speichern. Dagegen fällt es uns oft schwer und bedarf stärkerer Konzentration, sich akustische Eindrücke zu merken. Das ist aber notwendig, um auch etwas kompliziertere Aufträge und Arbeitsanweisungen zu erfassen.

Körperkonzert

ab 5 Alle bilden einen Kreis. Ein Mitspieler beginnt mit einem Körpergeräusch (Klatschen, Stampfen, mit der Zunge schnalzen, auf die Schenkel klopfen ...). Der folgende Spieler wiederholt dieses Geräusch und fügt ein eigenes dazu und so weiter. Wer einen Fehler macht, scheidet aus oder das Spiel beginnt an dieser Stelle von neuem.

Klatschkombi

ab 4 Ein Spieler klatscht mehrmals in die Hände, die anderen Spieler versuchen, ebenso oft zu klatschen. Schwieriger wird es, wenn eine Klatschfolge in einem bestimmten Rhythmus vorgegeben und wiederholt werden soll, etwa laut – leise – leise, laut – leise – leise ... Sie können auch in einer bestimmten Reihenfolge mit verschiedenen Instrumenten oder Körperinstrumenten (Klatschen, Stampfen, Schnipsen ...) spielen.

Neben dem Gedächtnis wird auch das rhythmische Gehör der Kinder geschult.

Riechen

Spiele und Beschäftigungen zur bewussten Wahrnehmung und Differenzierung von Gerüchen

Wie sich der Geruchssinn entwickelt

Obwohl bei Ungeborenen im Mutterleib schon sehr früh eine kleine Nase erkannt werden kann, wird das Baby vermutlich erst nach der Geburt, wenn es atmet, auch riechen können. Dann aber erkennt es schon sehr bald den typischen Körpergeruch seiner Mutter und unterscheidet ihn von anderen Gerüchen.

Schon unmittelbar nach der Geburt findet das Baby, von starken Duftsignalen geleitet, die Brustwarze der Mutter. Auch seinen eigenen Geruch nimmt das Baby als vertrauten Geruch wahr. Weil sich dieser Geruch auch auf ein Kuscheltier oder ein Schmusetuch überträgt, sind diese Gegenstände so beliebt und können ein Kind beruhigen. Gerade in fremder Umgebung geben sie ein Stück Vertrautheit und Geborgenheit. Wird so ein Kuscheltier oder Schmusetuch gewaschen, verliert es diesen vertrauten Geruch und nicht selten kommt es vor, dass Kinder den gewaschenen Gegenstand nicht mehr als Tröster akzeptieren mögen.

Die Nase von Babys und kleinen Kindern ist noch sehr empfindlich. Deshalb sollten Sie auf starke Düfte, wie intensive Parfüms oder Rasierwasser, verzichten. Sie stören nicht nur die Wahrnehmung des vertrauten Duftes der Eltern oder Bezugspersonen, sie können den Kindern auch sehr unangenehm sein.

Gerüche beeinflussen Stimmungen, Antipathie oder Sympathie und können Erinnerungen wecken.

46 Riechen

Duftende Basteleien

Wir verbinden Gerüche oft unser ganzes Leben lang mit positiven oder negativen Gefühlen: Manche Düfte empfinden wir als sehr angenehm, und so manches stinkt uns einfach. Weil Wohlgerüche in uns positive Gefühle auslösen, macht es Kindern besonderen Spaß, mit duftenden Materialien zu hantieren.

Materialien:
Stoffreste, Bänder, Lavendelblüten (aus dem Garten oder der Apotheke)

Lavendelsäckchen und -kissen

ab 5 Nähen Sie aus Stoffresten kleine Säckchen, die die Kinder mit Lavendel füllen und mit einer Schleife verschließen. Die Säckchen verbreiten im Kleiderschrank ihren angenehmen Duft und halten Motten fern. Oder Sie nähen kleine Kissen, die mit den Lavendelblüten gefüllt und von Hand verschlossen werden. Ins Kinderbett gelegt, haben sie eine beruhigende und Schlaf fördernde Wirkung. Lässt der Duft nach, werden die Säckchen und Kissen einfach kräftig durchgeknetet.

Materialien:
Holzperle, Filzstifte, Woll- oder Hanfreste; Zahnstocher, Klebstoff oder Leim, Stoffreste, Borten, Nadel und Faden, Lavendelblüten

Lavendelpüppchen

ab 7 Malen Sie auf die Holzperle ein Gesicht, kleben Haare auf und den so entstandenen Kopf auf einen Zahnstocher. Aus dem Stoffrest einen Kreis von etwa 15 cm Durchmesser ausschneiden. Den Rand mit kleinen Heftstichen umnähen, das Ganze mit Lavendelblüten füllen und den Körper durch Zusammenziehen verschließen. Den Kopf in den Körper stecken und eventuell einen kleinen Kragen mit Borten oder Spitzen anbringen.

Die Lavendelbasteleien bieten eine gute Gelegenheit, mit Kindern darüber zu sprechen, dass Tiere oder Ungeziefer sich von manchen Gerüchen vertreiben und von anderen Düften anlocken lassen. Auch auf uns Menschen haben Düfte häufig eine ähnliche Wirkung, manche wirken anziehend, andere abstoßend.

Duftkerzen – Schwimmkerzen

ab 7   Das Wachs wird im Wasserbad geschmolzen, der Docht wird über der Gussform (kleine Dosen oder Plätzchenausstecher mit Alufolie unterlegt) fixiert (mit Hilfe eines Hölzchens oder Bleistifts, an dem der Docht festgebunden und der über die Gussform gelegt wird). Nach dem Eingießen des Wachses in die Form können ein paar Tropfen Duftöl zugegeben werden. Als Gussform können auch Zitronen- oder Orangenschalenhälften von ausgepressten Früchten dienen.

Materialien:
Kerzenreste, Docht, Blechdose oder alte Blechschüssel, Plätzchenausstecher aus Metall oder kleinere Blechdosen, Duftöl

Duftanhänger, duftende Steine und Kugeln

ab 5   Die Tonanhänger, Steine oder Holzkugeln werden mit Duftöl beträufelt und auf einen Teller oder in eine Schale gelegt. Die Holzkugeln mit dem Lieblingsduft können auch in den Wäscheschrank gelegt oder, wenn sie durchbohrt sind, über den Haken des Kleiderbügels gezogen werden.

Materialien:
unglasierte Tonanhänger (evtl. mit Plätzchenausstechern selbst gefertigt), schöne Steine mit unregelmäßiger Oberfläche, unlackierte Holzkugeln, Duftöl

Duftorange

ab 4   Die Orange wird mit den Gewürznelken besteckt und eventuell mit einem Band umwickelt, damit sie aufgehängt werden kann. Sie verströmt einen weihnachtlichen Duft. Auch in einer weihnachtlichen Schale zusammen mit Nüssen, gebündelten Zimtstangen, getrockneten Orangenscheiben und getrockneten Apfelschnitzen kommt sie gut zur Geltung.

Materialien:
Orange, Gewürznelken, Bänder

Düfte können in uns Erinnerungen und Assoziationen auslösen. Welche Gerüche fallen Kindern dazu ein? Nelken und Zimt erinnern uns beispielsweise an Advent und Weihnachten.

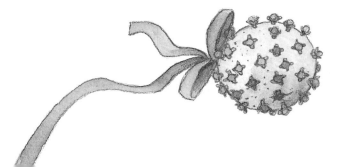

48 Riechen

Materialien:
getrocknete Blütenblätter (z.B. Rosenblätter, Zitronenmelisse, Lavendel, Pfefferminze …) oder Gewürze (Zimtstangen, Vanilleschoten …)

Duftpotpourri

ab 5 Die getrockneten Blätter oder Gewürze werden in eine Schale gelegt und verbreiten einen angenehmen Duft. Wenn er nachlässt, einige Tropfen Duftöl (z.B. Rosenöl) über die Blätter träufeln. Betrachten Sie die einzelnen Pflanzen, bevor Sie mit den Kindern ein Duftpotpourri zusammenstellen. Beim Betasten und Beschreiben lernen sie typische Eigenschaften der Pflanzen kennen (samtig, weich, glatt/rau, stachelig, behaart …)

Materialien:
duftende Blätter (Pfefferminze, Melisse, Salbei …), Papier, Buntstifte

Duftfrottage

ab 5 Die Blätter werden unter das Papier gelegt und gut festgehalten. Mit dem flach gehaltenen Stift wird vorsichtig über das Blatt schraffiert, bis sich Umriss und Struktur des Blattes auf dem Papier befinden. Wer am Papier schnuppert, stellt fest, dass es den Geruch des Blattes angenommen hat. Wenn die Kinder mit den Fingern über die Blätter reiben, nehmen auch ihre Finger etwas von diesem Geruch an.

Materialien:
Stoffreste, Papier

Duftende Blumen

ab 5 Stellen Sie zunächst Stoffblumen her oder falten und basteln Sie Blumen aus Papier, die Sie mit Parfüm oder Duftöl besprühen und so zum Duften bringen. Auch ein schön gemaltes Blumenbild wird auf diese Weise zu einer duftenden Frühlingswiese. Duftendes Briefpapier könnte daraus entstehen.

Nasenspiele

Gerüche nehmen wir durch die Nase wahr, wenn winzige Geruchspartikel sich lösen und unsere Nasenschleimhäute berühren. Am besten können wir riechen, wenn ein Duft schnell in unsere Nase steigt, deshalb schnuppern wir – wir ziehen die Luft schnell und ruckartig in unsere Nase, um ihn intensiver wahrnehmen zu können.

Nasenraten

ab 6

Bemalen oder bekleben Sie die Pappscheibe wie ein Gesicht. Der Platz für die Nase wird ausgeschnitten. Nun geht ein Kind vor die Tür, während ein anderes die Maske aufsetzen darf und mit dem Leintuch verhüllt wird. Das andere Kind soll anschließend erraten, wessen Nase es sieht.

Materialien:
Pappscheibe oder Pappteller, Decke oder Leintuch

Schachtelnase

ab 6

als Wettspiel auch schon früher

Alle stehen oder sitzen im Kreis. Ein Mitspieler steckt sich die Streichholzschachtel auf die Nase. Nun wird die Streichholzhülle von Nase zu Nase, ohne Zuhilfenahme der Hände, reihum weitergegeben. Wer die Schachtel fallen lässt, scheidet aus. Wer übrig bleibt, ist der Nasenkönig. Es können auch zwei Parteien gegeneinander um die Wette spielen.

Materialien:
Hülle einer Streichholzschachtel

Verleihen Sie der Nase Flügel, indem Sie Ahornzwicker darauf kleben.

50 Riechen

Differenzieren und wieder erkennen

Wir sind ständig von irgendwelchen Düften oder Gerüchen umgeben. Wie an Geräusche gewöhnen wir uns auch an Gerüche und nehmen sie mit der Zeit kaum noch wahr. Sie fallen uns erst auf, wenn wir einen Raum wieder neu betreten.

Materialien:
Gläser (Babynahrung), Streichholzschachteln oder Filmdosen, eventuell Farben, verschiedene duftende Substanzen (Kräuter, Essig, Kaffeebohnen, Orangen, Tannenzweige, Rosen …), eventuell Bildkarten mit den Abbildungen der entsprechenden Duftträger (z.B. Nelken, Seife etc.)

Bei diesen Spielen bietet es sich an, die Düfte beschreiben zu lassen. Dabei erfahren Kinder, wie schwierig es ist, Geruchsempfindungen in Worte zu fassen, wir finden deshalb Vergleiche wie etwa blumig, süßlich, stechend …

Düfte raten mit Duftgläschen

ab 5 Die Behälter werden beklebt oder bemalt und mit den duftenden Substanzen gefüllt. Einem Kind werden die Augen verbunden und es darf an einem geöffneten Glas schnuppern. Kann es den Duft richtig erkennen und benennen? Haben Sie Bildkärtchen vorbereitet, können die Kinder die Duftdosen dann auf die entsprechenden Karten stellen. Da die Gläschen dicht verschlossen werden können, hält sich der Duft in ihnen einige Zeit. Flüssige Substanzen können auch auf einen Wattebausch oder ein Stück Stoff geträufelt werden.

Variation: Das Kind darf die Augen wieder öffnen, nachdem das Glas abgestellt wurde und soll den Duft nun unter all den anderen Düften wieder herausfinden. Es darf dazu nacheinander an allen Gläschen schnuppern.

Variation: Die Duftbehälter stehen geschlossen in einer Reihe, die Bildkarten liegen verdeckt daneben. Reihum darf ein Kind nach dem anderen ein Bildkärtchen vom Stapel nehmen und den entsprechenden Duft suchen. Hat es ihn richtig erkannt, zeigt es den anderen zur Kontrolle den Inhalt und darf das Duftdöschen behalten. Wer hat am Schluss am meisten Düfte vor sich stehen?

Differenzieren und wieder erkennen **51**

Geruchs-Kim

ab 5 Die Kinder sollen mit verbundenen Augen erkennen, woran sie schnuppern.

Die Kinder üben, Zusammenhänge zu erkennen, wenn Sie mit ihnen über typische Gerüche reden. Auch über die Wirkung der Düfte können Sie sprechen: Gerüche haben manchmal Signalwirkung und warnen uns beispielsweise vor Gefahren – sie können uns aber auch förmlich anlocken. Der Brandgeruch, der uns in die Nase steigt, signalisiert Gefahr, manche giftige Pflanzen oder verdorbene Lebensmittel riechen unangenehm und enthalten Krankheitserreger und andere Stoffe, die uns schaden können. Da ist uns die Signalwirkung von duftendem Essen, das in uns Appetit und Hungergefühle hervorruft und uns das Wasser im Munde zusammenlaufen lässt, schon wesentlich angenehmer.

Mit älteren Kindern kann in diesem Zusammenhang auch über die Gefahren des Schnüffelns gesprochen werden: Chemische Stoffe (z.B. Klebstoffe, Farben, Verdünnungen) wirken auf unser Nervensystem berauschend oder lähmend und sind sehr gefährlich, weil die enthaltenen Gifte Langzeitschäden hervorrufen können.

Materialien:
Augenbinde, duftende Gegenstände (Parfüm, Seife, Blumen, Zwiebel, Käse, Kaffee, Obst, Kuchen ...)

Hund und Herrchen

Materialien:
Filz, Wolle, Nadel, Duftöle, evtl. Augenbinden

Bei diesem Spiel können Sie den Kindern erklären, dass viele Tiere, wie z.B. Hunde, einen viel ausgeprägteren Geruchssinn haben als wir Menschen und deshalb manchmal von der Polizei eingesetzt werden, um etwas aufzuspüren.

ab 6

Aus dem Filz werden kleine Kreise ausgeschnitten und jedes Filzstück auf ein Stück Wolle gefädelt. Jeweils zwei Kreise werden mit dem gleichen Duft getränkt. Je zwei Kinder bekommen ein Filzband mit dem gleichen Duft um das Handgelenk gebunden. Immer eines der Kinder ist ein Hund und begibt sich auf alle viere, das andere Kind ist das Herrchen. Dunkeln Sie entweder den Raum ab oder verbinden Sie den Hunden die Augen. Die Hunde haben im dunklen Park ihre Herrchen verloren und versuchen sie wieder zu finden. Dazu schnuppern sie an den Handgelenken der umhergehenden „Herrchen" und zur Kontrolle an der eigenen Pfote. Glaubt ein Hund, sein Herrchen gefunden zu haben, bleibt er vor ihm stehen und bellt ihn an. Erkennt das Herrchen seinen Hund wieder, streichelt er ihn kurz und setzt sich mit ihm auf seinen Platz. Finden alle Paare wieder zueinander?

Differenzieren und wieder erkennen 53

Duftdetektiv

`ab 6` Einige Kinder gehen vor die Tür. Von den zurückgebliebenen Kindern wird nun ein Spieler der Mörder, ein anderer sein Opfer. Den beiden wird ein wenig vom gleichen Parfüm oder Duftöl auf die Innenseite des Handgelenkes aufgetragen. Die anderen Spieler erhalten keine oder eine andere „Duftnote", die sich deutlich von der des Mörders und seines Opfers unterscheidet. Nun werden die Detektive hereingerufen, indem alle Spieler gemeinsam laut um Hilfe rufen. Den herbeigeeilten Detektiven wird erklärt, dass ein Mord geschehen ist. Der einzige Hinweis ist ein starker Duft, den der Mörder an seinem Opfer zurückgelassen hat. Wer ist der beste Duftdetektiv?

Materialien:
verschiedene Parfüms oder Duftöle

Riechmemory

`ab 6` Entweder wird der Duft je zweimal auf den Kärtchen aufgebracht und die Kärtchen auf der Unterseite zusätzlich markiert oder beschriftet, oder die Düfte werden auf einen Wattebausch gesprüht und in ein Glas oder Döschen gelegt, das zur Kontrolle ebenfalls auf der Unterseite beschriftet wird.
Nun dürfen die Kinder, genau wie beim Memoryspiel, immer zwei Proben erschnuppern. Passen die beiden Proben zusammen, darf das Paar behalten werden.

Materialien:
Kärtchen aus saugfähigem Papier oder Gläschen oder Filmdosen mit Verschluss, Watte oder Küchentuch, verschiedene Düfte beziehungsweise Geruchsmaterialien (Öle oder Kräuter, Essig, Kaffee, Rasierwasser, Zitrone …)

Jüngere Kinder können vor Spielbeginn auch die Original-Riechquelle betrachten und beschnuppern, damit sich der Geruch besser einprägt.

Gerüche und Düfte erleben

Gerüche wirken sich auf unser Wohlbefinden aus. Diese Tatsache macht man sich beispielsweise in der Aromatherapie zu Nutze. Hier werden Düfte in Duftlampen, Massageölen, im Badewasser etc. ganz bewusst zur Beruhigung, Anregung usw. eingesetzt. Es gibt auch Duftöle, die speziell für Kinder kreiert wurden. Lassen Sie sich im Fachhandel beraten und sprechen Sie mit den Kindern über die Wirkung verschiedener Düfte. Achtung! Kinder reagieren noch viel sensibler auf Düfte und Gerüche, deshalb ist bei ihnen die Wirkung meist stärker als bei Erwachsenen.

Riechspaziergang

ab 4

Es gibt unzählige Möglichkeiten, Kinder im Alltag auf ihre Riecherlebnisse aufmerksam zu machen und sie für die Empfindungen, die dadurch in ihnen ausgelöst werden, zu sensibilisieren, indem Sie gemeinsam darüber sprechen. Sei es beim Kochen oder Backen, beim Putzen, wenn Blumen gepflückt oder gekauft werden, im Garten, in Geschäften …

Sie können Kinder für Gerüche und Düfte sensibilisieren, wenn Sie dafür sorgen, dass sie sie bewusst erleben und wahrnehmen. Einen Waldspaziergang könnte unter dem Motto stehen: „Wer entdeckt etwas, das riecht?" Nun schnuppern die Kinder an Holzstücken, Baumrinden, Blättern, Blumen, Zapfen, Moos, dem Waldboden …

Mit der gleichen Fragestellung können auch Spaziergänge in die Stadt oder auf dem Dorf, auf den Markt oder durch Geschäfte zu einem besonderen Erlebnis werden (Mülltonne, Autoabgase, Kuhstall, Apotheke, Bäckerei, Blumenladen, Gärtnerei, Schreinerei, Tankstelle …).

Machen Sie die Kinder darauf aufmerksam, dass nasse und trockene Materialien (z. B. Erde) unterschiedlich riechen und sich der typische Geruch einer Pflanze häufig erst richtig entfaltet, wenn sie gebrochen, geknickt oder zerrieben wird. Das kommt daher, dass mehr Geruchspartikel frei werden und in unsere Nase gelangen können. Vielleicht möchten die Kinder auch unterscheiden, was duftet, was riecht, was stinkt. In Form einer Collage könnten sie später ihre Eindrücke festhalten und sortieren.

Gerüche und Düfte erleben 55

Besuch in einer Teestube oder in einem Kräuter- und Gewürzladen

ab 4 Ein besonderes Erlebnis kann es für Kinder sein, einen Kräuter- oder Teeladen zu besuchen. Im ganzen Laden duftet es sehr intensiv. Es ist spannend, einigen Düften auf den Grund zu gehen und in manche Kräuter- oder Tee- und Gewürzmischungen die Nase zu stecken. Sprechen Sie über die verschiedenen Pflanzen und ihre Wirkung und lassen Sie sich im Teeladen eine Teemischung oder eine Kräutermischung zusammenstellen. Einige Beispiele:

Hustentee: je ein Teil Anis, Stiefmütterchenkraut und Fenchel mit drei Teilen Thymian mischen, mit kochendem Wasser überbrühen, 5 bis 10 Minuten ziehen lassen – in kleinen Schlucken trinken.

Träumertee: je ein Teil Orangenblüten und Malvenblüten und je zwei Teile Lavendelblüten, Baldrianwurzel und Melissenblätter mischen, mit kochendem Wasser übergießen und etwa 10 Minuten ziehen lassen. Am späten Nachmittag und Abend etwa eine Tasse trinken.

Verdauungstee: je ein Teil Fenchel, Anis und Kümmel in ein Teenetz geben, etwas zerdrücken (zum Beispiel, indem ein Glas darauf gedrückt und hin und her bewegt wird), mit kochendem Wasser übergießen und etwa 5 bis 10 Minuten ziehen lassen.

Auch ungemischte Teesorten wie Melisse, Pfefferminze oder Kamille, schmecken vielen Kindern gut. Besonders genießen sie den Tee, wenn sie die Kräuter dafür vorher selbst im Garten ernten und zerkleinern konnten und den Tee selbst zubereiten dürfen.

Nach einiger Zeit im Laden können Sie die Kinder darauf aufmerksam machen, wie sehr sie sich schon an die Düfte, die sie umgeben, gewöhnt haben - sie nehmen sie lange nicht mehr so intensiv wahr wie ganz am Anfang. Wer es nicht glaubt, kann für eine Weile vor die Tür gehen und noch einmal neu den Raum betreten.

Schmecken

Spiele und Beschäftigungen, die den Geschmackssinn anregen und bereichern

Wie sich der Geschmackssinn entwickelt

Schon das Ungeborene im Mutterleib kann schlucken. Weil seine Geschmacksknospen bereits sehr früh ausgebildet sind, unterscheidet es schon verschiedene Geschmacksrichtungen. Mit der Zunge nehmen wir vier verschiedene Geschmacksrichtungen wahr: süß mit der Zungenspitze, salzig und sauer mit den Zungenrändern und bitter mit dem Zungenrücken – dem so genannten Zungengrund. Unsere Geschmacksempfindungen verändern sich im Lauf unseres Lebens – das hat viel mit unseren Erfahrungen und Gewohnheiten zu tun. Wenn Kinder beginnen, feste Nahrung zu sich zu nehmen, sollten Sie deshalb darauf achten, die Speisen, die Sie zubereiten, zunächst gar nicht, später nur leicht zu würzen. Auch wenn Ihnen das Essen geschmacklos erscheint, ermöglichen Sie so Ihrem Kind, dessen Geschmackssinn noch viel sensibler als unserer reagiert, den natürlichen Geschmack von Obst und Gemüse kennen und unterscheiden zu lernen. Zudem werden unsere Vorlieben unter anderem auch durch unsere Erfahrungen und Gewohnheiten geprägt. Deshalb Kinder von klein auf an Vollkornprodukte und wenig gesalzene oder gesüßte Kost gewöhnen! Die Zunge ist nicht nur das Geschmacksorgan, sondern auch ein wichtiges Tastorgan, deshalb genießen wir es, etwas auf unserer Zunge zergehen zu lassen, beispielsweise Eis oder Schokolade.

Der Geschmackssinn ist eng mit unserer Geruchswahrnehmung verbunden. Erst im Zusammenspiel der beiden Sinne entsteht ein vielfältiges „Feinschmecker-Erlebnis".

58 Schmecken

Differenzieren der verschiedenen Geschmacksrichtungen

Wir können mit unserer Zunge nur vier Geschmacksrichtungen unterscheiden: süß und sauer, salzig und bitter. Erst der Geruchssinn und der Tast- und Temperatursinn der Zunge ermöglichen ein vielfältigeres Geschmackserleben. Schon bevor wir eine Speise sehen oder in den Mund nehmen, verursacht ihr Duft, dass unsere Speichelproduktion angeregt wird – das Wasser läuft uns im Munde zusammen. Auch während wir essen, riechen wir die Speisen, sowohl durch die Nase, als auch durch den Rachenraum. Nicht umsonst versuchen wir manchmal instinktiv, den unangenehmen Geschmack von Medizin erträglicher zu machen, indem wir uns die Nase zuhalten. Und wenn wir einen kräftigen Schnupfen haben, scheint uns das Essen fad und ohne Aroma.

Geschmacks-Kim

Materialien:
Augenbinde, verschiedene in kleine Stücke geschnittene Kostproben

Eine gute Gelegenheit, Kindern die Funktionsweise des Geschmackssinnes zu erklären, der untrennbar mit unserem Geruchssinn verbunden ist. Versuchen Sie mit den Kindern zur Probe einmal, mit verbundenen Augen und zugehaltener Nase ein Stück Kartoffel und ein Stück Apfel zu unterscheiden – unglaublich schwierig!

ab 4 Einem Kind werden die Augen verbunden, es soll verschiedene Speisen oder Getränke nur an ihrem Geschmack erkennen (Zucker, Salz, Ketchup, Honig, Zitronensaft, Apfelsaft, Pfefferminztee, Milch, Banane, Apfel, Käse, Kohlrabi, Gurken, Nüsse …). Für jüngere Kinder bereiten Sie am besten einen zweiten Teller vor, auf dem sich zu allen Kostproben die dazugehörenden Lebensmittel befinden. Die Kinder können zuerst probieren, dann die Augenbinde abnehmen und zeigen, wovon sie ihrer Meinung nach gekostet haben.

Oder: Die Kinder dürfen mit verbundenen Augen an den Kostproben schnuppern und sie benennen. Zur Kontrolle kosten sie ein kleines Stück davon und öffnen zuletzt die Augen. Oder einem Spieler wird ein Lebensmittel genannt und gezeigt. Wer schmeckt mit verbundenen Augen das richtige heraus?

Differenzieren der verschiedenen Geschmacksrichtungen **59**

Geschmacksgläser

ab 5 Die Pipettenfläschchen werden mit unterschiedlichen Substanzen der Geschmacksrichtungen süß, sauer, salzig und bitter gefüllt. Die Kinder dürfen sich einen Tropfen auf die Zunge träufeln und lernen auf diese Weise die Geschmacksunterschiede kennen. In die Fläschchen könnte beispielsweise Salzwasser, Zuckerwasser, Zitronenwasser, „Bitter Lemon" gefüllt werden, aber auch Back- oder Kocharomen in verdünnter Form sind geeignet.
Erklären Sie den Kindern, dass die Empfindungen, die unser Geschmackssinn auslöst, Signalwirkung haben können.

Materialien:
Pipettenfläschchen (aus der Apotheke)

Die Geschmacksrichtung süß signalisiert uns hoch kalorische Kost, die uns schnell mit Energie versorgt und lebensnotwendig ist. Besteht ein Salzmangel (z.B. durch starkes Schwitzen), bevorzugen wir stärker gesalzene Speisen. Ein bitterer Geschmack ruft häufig unseren Widerwillen hervor, weil er uns zeigt, dass etwas giftig ist. Sauer wirkt auf uns erfrischend, allerdings signalisiert es auch, dass z. B. Obst noch nicht reif und deshalb unverträglich ist.

Geschmacksrichtungen erkennen

ab 5 Füllen Sie je zwei Gläser mit den gleichen Flüssigkeiten und legen Sie Strohhalme zum Probieren bereit. Die Kinder dürfen die vorbereiteten Flüssigkeiten probieren und sollen herausfinden, in welchen Gläsern sich die gleiche Flüssigkeit befindet und die entsprechenden Gläser zusammenstellen. Vielleicht können die Kinder auch den Geschmack beschreiben und die Geschmacksrichtung benennen.

Materialien:
8 gleiche Gläser, Zucker-, Salz- und Zitronenwasser, reines Leitungswasser oder stilles Mineralwasser, Strohhalme

Speisen und Getränke, die den Geschmackssinn anregen

Essen sollte etwas Lustvolles, Schönes sein, nicht etwas, das man nebenher beim Fernsehen erledigt. Machen Sie Mahlzeiten immer mal wieder zu etwas Besonderem – mit ein paar Handgriffen kann aus einem Käsebrot ein lustiger Clown werden. Und auch Brei wird lieber gegessen, wenn er mit ein paar Klecksern Marmelade Augen und einen lachenden Mund bekommt.

Kressebrote

ab 3

Butterbrote mit Kresse schmecken fast allen Kindern gut. Kindern macht es viel Spaß, Kresse selbst zu ziehen – weil Kresse sehr schnell wächst und auf der Fensterbank (auf einem feuchten Papierküchentuch, ohne Erde) gezogen werden kann, schmeckt sie gleich noch viel besser.

Sprossenzucht

Hier bietet sich eine gute Gelegenheit, mit Kindern über gesunde Kost, Vitamine etc. zu sprechen.

ab 4

Ein gesundes Vergnügen! Aus Samenkörnern werden Keimlinge und Sprossen gezüchtet, die viele Vitamine enthalten. Es eignen sich Alfalfa, Mungobohnen, Erbsen, Kresse, Roggen, Sonnenblumenkerne, Weizen …
Keimlinge und Sprossen können Salaten, Suppen, Aufläufen und Obstsalat oder Müsli beigemengt werden. Erkundigen Sie sich im Fachhandel beziehungsweise im Reformhaus.

Speisen und Getränke, die den Geschmackssinn anregen **61**

Fruchtspieße

ab 4   Verschiedenes Obst in Stücke schneiden und aufspießen. Nach Wunsch kann es mit etwas geschmolzener Schokolade verfeinert werden. Als Schokofondue ein sicherer Renner auf jeder Kinderparty.

Materialien:
Schaschlikspieße, Obst nach Wahl

Auch Bratäpfel sind, ebenso wie Grillkartoffeln oder Grilltomaten, für Kinder ein besonderes Vergnügen, vor allem, wenn sie bei der Vorbereitung helfen dürfen.

Saftbar

ab 4   Die Kinder dürfen verschiedene Fruchtsäfte als Kostprobe auswählen und probieren – dabei stellen sie fest, dass wir uns häufig von der Farbe in unserer Wahl beeinflussen lassen. Oder frieren Sie die Fruchtsäfte vorher in Eiswürfelbehältern. Die Kinder dürfen sich einen Saftwürfel auswählen, in ein Glas geben und mit Mineralwasser auffüllen. Wenn sie beispielsweise Orangensaft, schwarzen Johannisbeersaft und Zitronensaft verwenden, haben die Würfel ganz unterschiedliche Farben.

Materialien:
verschiedene Fruchtsäfte, Mineralwasser

Kulinarische Reise durch die Welt

ab 5   Veranstalten Sie doch mal eine italienische, spanische, französische ... Woche. Bieten Sie dazu typische Gerichte aus den entsprechenden Ländern an. Rezepte finden Sie in zahlreichen Kochbüchern, die Sie sich in einer Bücherei ausleihen können.

Für Kinder ist es spannend, typische Gerichte anderer Länder kennen zu lernen. Vertiefen Sie das Thema nach Lust und Laune: mit typischer Kleidung oder Musik, schlagen Sie mit den Kindern im Lexikon nach, malen Sie zusammen Tiere oder Landschaften ...

62 Schmecken

Partyspiele mit kleinen Leckereien

Bei jeder Feier ist es selbstverständlich, auch für das leibliche Wohl der Gäste zu sorgen. Eine gemeinsame Mahlzeit stärkt das Gemeinschaftsgefühl und macht Spaß.

Futterschnecke

Materialien:
Würfel, großer Teller, in Stücke geschnittenes Obst, Süßigkeiten oder Lebensmittel wie Gurke, Karotte, Zwiebel, Wurst, Käse …

ab 5 Aus den Lebensmitteln und Süßigkeiten wird eine Schnecke gelegt, wobei Obst, Gemüse, Süßigkeiten ganz gemischt aufeinander folgen. Die Kinder beginnen nun reihum zu würfeln. Jeder muss, seiner Würfelzahl entsprechend, das erste bis sechste Teil der Schnecke essen, gezählt wird immer wieder vom äußersten Würfelchen aus. Wer Glück hat, bekommt eine Süßigkeit, wer Pech hat, kann aber auch auf ein Zwiebelstückchen stoßen.

Raubtierfütterung

Materialien:
kleine Süßigkeiten oder Obststücke

ab 5 Die Kinder sitzen im Kreis um das „Raubtierfutter" herum. Vor Beginn flüstert der Spielleiter jedem den Namen eines Tieres ins Ohr – manche Kinder erhalten dabei den gleichen. Nun wird eine Geschichte erzählt, die viele der Tiernamen enthält. Wer seinen Namen hört, darf sich auf das Futter stürzen.

Bonbonwickeln

Materialien:
Bonbons und mehrere gleich lange Wollfäden, Holzabschnitte oder Duplobausteine

ab 3 Binden Sie die Bonbons gemeinsam an die Wollfäden und befestigen Sie das Ende des Wollfadens an einem Holzstück oder einem Duplobaustein. Die Kinder dürfen auf Ihr Signal hin die Wollfäden um die Wette um das Holzstück wickeln und die Bonbons so heranholen. Hier wird ganz nebenbei auch die feinmotorische Geschicklichkeit der Kinder geübt.

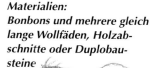

Partyspiele mit kleinen Leckereien   **63**

Schokolade essen

ab 6 Die Schokolade wird in mehrere Lagen Zeitungspapier eingewickelt und mit Wolle verschnürt. Die Kinder sitzen um einen Tisch und beginnen, reihum zu würfeln. Wer eine Sechs hat, zieht sich schnell Handschuh, Mütze und Schal über, nimmt das Besteck und versucht, die Schokolade zunächst auszupacken und dann Stück für Stück abzuschneiden und zu essen. Die anderen Kinder würfeln weiter, bis die nächste Sechs fällt. Nun heißt es, sich ganz schnell wieder auszuziehen und alles an den glücklichen Würfler weiterzugeben. Immer, wenn die nächste Sechs fällt, wird getauscht.

Materialien:
Würfel, Holzbrett, Schokolade, Wolle, Zeitungspapier, Handschuhe, Mütze, Schal, Messer und Gabel

Verrückte Welt

ab 6 Anlässlich einer Faschingsparty oder eines Kindergeburtstages können Sie verschiedene Lebensmittel oder Getränke mit einigen Tropfen Lebensmittelfarbe einfärben, z.B. Milch, Wasser, Kuchen, Kartoffelpüree … Wer kann erschmecken, um welches Getränk es sich handelt? Selbst Erwachsene trauen ihrem Geschmackssinn nicht mehr so recht, wenn ganz normale Milch etwa rot oder gelb ist – wer lässt sich nicht täuschen?

Materialien:
verschiedene Speisen, Lebensmittelfarben

Hier wird deutlich, wie sehr wir uns bei der Wahl unserer Speisen von deren Aussehen beeinflussen lassen.

Apfelessen

ab 5 Die Schüssel wird mit Wasser gefüllt und der Apfel hineingelegt. Wer schafft es, ohne Zuhilfenahme der Hände hineinzubeißen?

Materialien:
eine Schüssel, Wasser, Apfel

Tasten und Fühlen

Spiele und Beschäftigungen zur Förderung der taktilen Wahrnehmungs- und Differenzierungsfähigkeit

Wie sich der Tastsinn entwickelt

Bereits das ungeborene Kind im Mutterleib kann tasten und fühlen. Es hat Arme und Beine, und die kleinen Finger versuchen schon zu greifen, etwa nach der Nabelschnur. Der ganze Körper des Babys reagiert schon auf Berührungen, zum Beispiel runzelt es die Stirn, wenn sie berührt wird, oder es wendet sich ab, wie bei Untersuchungen häufig beobachtet werden konnte.
Weil Kinder, besonders Kinder mit Wahrnehmungsstörungen, Tasteindrücke im Gehirn anders verarbeiten als Erwachsene, sollten Sie sie nicht zu Tastspielen zwingen, die sie nicht mögen. Da schon bei Kindern der Sehsinn häufig dominiert, kann es sinnvoll sein, die Augen gelegentlich „auszuschalten", um besonders intensive Tasterlebnisse zu ermöglichen. Sie sollten das Tastmaterial aber zunächst sehen dürfen, damit sie die verschiedenen Eigenschaften richtig zuordnen können. Wenn Kinder nicht bereit sind, sich die Augen verbinden zu lassen, sollten Sie sie nicht dazu zwingen. Sie können ihnen auch eine Maske oder eine Taucherbrille (mit abgeklebten Scheiben) anbieten. Je mehr Tasterfahrung Kinder sammeln konnten, desto weniger werden sie davor zurückschrecken, sich die Augen verbinden zu lassen.

66   *Tasten und Fühlen*

Tast- und Fühlerlebnisse mit Händen und Füßen

Greifen und Begreifen stehen in engem Zusammenhang. Sie können den Tastsinn gezielt fördern, wenn Sie Kindern die Möglichkeit geben, vielseitige Erfahrungen mit unterschiedlichsten Materialien wie zum Beispiel Holz, Plastik, Wolle, Stoff, Leder, Fell, Kork, Stein, Metall … zu sammeln. Sie werden im wahrsten Sinne des Wortes mit den Händen sehen lernen. Vielfältige Tasterlebnisse und damit ein gut ausgeprägter Tastsinn bewirken außerdem eine größere Finger- und Handgeschicklichkeit.

Unsere Füße sind meist mit Strümpfen und Schuhen verhüllt, dadurch fehlt es ihnen häufig nicht nur an ausreichender Bewegungsmöglichkeit, sie werden auch leicht vernachlässigt, wenn es darum geht, Tast- und Fühleindrücke zu vermitteln. Dabei sind sie sehr sensibel! Wir spüren es oft erst, wenn wir im Sommer barfuß laufen und Gras angenehm kribbelt oder das kleinste Steinchen unangenehm pikst.

Spiel mit dem Igelball

Diese Massage – behutsam ausgeführt – wirkt sehr entspannend. Sie kann auch mit einem einfachen Tennisball durchgeführt werden.

ab 3   Der Igelball (ein Gummiball mit Noppen, den es in verschiedenen Größen im Sportgeschäft gibt) bereitet den Kindern ein besonders intensives Tasterlebnis. Die Kinder können den Ball zwischen den Händen oder auf einer Unterlage rollen, von einer Hand in die andere geben oder für ein kleines Ballspiel einsetzen. Der Ball kann auch über den Rücken gerollt oder unter den Fußsohlen erspürt werden! Wer möchte, kann den Ball auch zu einer sanften Ganzkörpermassage einsetzen.

Tastkorb mit Naturmaterialien

Materialien:
Korb, verschiedene Naturmaterialien (Holzstücke, Rinde, Kastanien, Korken, Federn, Tannenzapfen, Buchecker, Muscheln, Kastanienschalen, Eicheln, Moos, Blätter …)

ab 3   Einen Korb, gefüllt mit den verschiedensten Naturmaterialien, können Sie schon kleinen Kindern anbieten (wegen der Gefahr, etwas zu verschlucken, aber nicht unbeaufsichtigt lassen!). Gerade Naturmaterialien mit ihrer ganz unterschiedlichen, interessanten Oberflächenstruktur sind besonders geeignet, den Tastsinn anzuregen. Ältere Kinder können mit verbundenen Augen tasten. Sie sollen ihre Tastempfindungen beschreiben und raten, um welchen Gegenstand es sich handelt.

Tast- und Fühlerlebnisse mit Händen und Füßen   67

Goldsucher

ab 6 Die Spieler ziehen ihre Schuhe aus und schließen die Augen (evtl. Augenbinden). Der Spielleiter verteilt die Chips als Goldnuggets auf dem Boden. Auf sein Zeichen hin bewegen sich alle vorsichtig durch den Raum. Dabei tasten sie mit den Füßen auf dem Boden und setzen sie nur ganz vorsichtig auf dem Fußboden ab, um kein Nugget zu zertreten. Wer eines ertastet, geht in die Hocke und hebt es auf. Sind alle aufgesammelt, öffnen die Spieler die Augen. Wer am meisten Goldnuggets gesammelt hat, ist Sieger und darf die Styroporchips für die nächste Spielrunde verteilen. Statt die Nuggets mit den Händen aufzusammeln, können sie auch mit den Zehen aufgenommen werden.

Materialien:
etwa 30 – 50 Styroporchips
(Verpackungsmaterial)

Es kommt zu einer Fußgymnastik, die sehr gut tut und Haltungsschäden vorbeugt.

Kitzelweg

ab 3 *aber auch noch viel später faszinierend*
Legen Sie einen Weg mit unterschiedlichen Materialien, zum Beispiel mit Sägespänen, Sand, frisch gemähtem Gras, Stroh, kleinen Steinen, Federn, Blättern, Schafwolle, Papier- oder Styroporschnipseln, Erde, Watte, Wasser … Sie können die Materialien auch in flache Schachteln füllen.
Zuerst sollen die Kinder den Kitzelweg ansehen und mit den Händen berühren. Danach dürfen sie mit verschlossenen Augen und nackten Füßen über den Kitzelweg gehen – ein ganz besonderes Fühlerlebnis! Wer kann das Gefühl beschreiben oder das Material benennen?

68 Tasten und Fühlen

Tasten und Fühlen mit dem ganzen Körper

Gerade Kinder tasten und befühlen mit ihrem ganzen Körper. Neben Händen und Fingern werden auch die Füße oder der Mund, der gesamte Körper einbezogen und vermitteln „Fühlerlebnisse". Dabei reagieren die verschiedenen Körperbereiche unterschiedlich sensibel – die Fingerspitzen, Zungenspitze, die Zehen oder die Nasenspitze etwa sind sehr empfindlich, während zum Beispiel der Unterarm oder der Handrücken stärkere Berührungsreize empfangen müssen, um zu reagieren. Andererseits nehmen unsere Hände heiße und kalte Temperaturen weniger sensibel wahr als etwa unsere Füße, die Innenseite des Handgelenkes, die Wangen oder unsere Ellenbogen. Dieses Kapitel hat viele Berührungspunkte (im wahrsten Sinne des Wortes) mit dem nächsten Kapitel Gleichgewichtssinn, Körperwahrnehmung und Bewegung – besonders dem Abschnitt Körperteile wahrnehmen, benennen und zuordnen (ab Seite 86).

Materialien:
Föhn oder Fächer, Augenbinde

Wird der Wind mit einem Föhn erzeugt, wird gleichzeitig auch das Gehör angesprochen – das Richtungshören ist dabei von Bedeutung.

Wetterhahn, woher weht der Wind

ab 5 Alle Spieler bilden einen Kreis. Ein Kind steht in der Mitte mit verbundenen Augen. Es ist der Wetterhahn, der sich in die Richtung drehen und zeigen soll, aus der der Wind weht. Einer der Spieler im Kreis erzeugt den Wind, indem er kräftig bläst oder mit dem Fächer wedelt. Hat der Wetterhahn richtig geraten, darf das Kind, das den Wind erzeugt hat, als nächstes in den Kreis.

Tasten und Fühlen mit dem ganzen Körper 69

Roboterstart

ab 5 Die Spieler finden sich zu Paaren zusammen. Ein Spieler ist der Roboter, der andere Spieler versucht, den Roboter zu starten. Das ist gar nicht so leicht, denn dazu muss er einen ganz bestimmten Punkt berühren, den der Roboter vorher heimlich mit dem Spielleiter vereinbart hat. Bis der Roboter endlich starten kann, wird aus dem Spiel ein kitzeliges Vergnügen und der Roboter hat alle Mühe ruhig zu bleiben, bis die richtige Stelle angetippt wurde.

Man kann auch Punkte vereinbaren, die zu bestimmten Bewegungen führen, z.B. der rechte Arm wird gehoben, der Roboter dreht sich eine Vierteldrehung nach links und so weiter.

Bienenstich

ab 5 Einem Kind werden die Augen verbunden. Ein anderer Mitspieler tupft nun mit dem Stift auf den entblößten Unterarm oder eine andere vorher vereinbarte Körperstelle. Nun bekommt das Kind mit den verbundenen Augen den Stift in die Hand und soll versuchen, selbst die Stelle mit dem Stift möglichst genau zu treffen. Variation: Mit der Fingerspitze kurz auf jeden beliebigen Punkt am Körper (vielleicht auf ein Muttermal oder einen Leberfleck) drücken. Der Partner versucht nun, den Druckpunkt wieder zu finden – das ist an manchen Körperstellen gar nicht so leicht, weil unser Körper nicht an allen Stellen gleich sensibel reagiert – sprechen Sie mit den Kindern darüber!

Materialien:
Augenbinde, Lippen- oder Kajalstift

70 Tasten und Fühlen

Eingraben

ab 3 macht aber auch noch viel älteren Kindern Riesenspaß

Ein wunderbares Spiel am Strand: Der ganze Körper oder einzelne Körperteile, etwa die Füße, werden tief im Sand eingegraben. Wenn sie nicht mehr zu sehen sind, bohren sie sich Stückchen für Stückchen wieder heraus.

Wenn Sie mit den Kindern über dieses ungewöhnliche Erlebnis und ihre Empfindungen dabei sprechen, können Sie sie darauf hinweisen, dass sich unser Tastsinn schnell an ständige Reize gewöhnt: Wenn wir uns ankleiden, Schuhe anziehen oder auch im Bett zudecken, nehmen wir die Kleidung, Schuhe oder Zudecke nur für einen kurzen Moment wahr und vergessen sie dann gleich wieder. Höchstens wenn etwas drückt oder kneift, die Schuhe vielleicht reiben oder die Decke zu warm wird, gelangen sie in unser Bewusstsein zurück und werden wieder wahrgenommen.

Unser Tastsinn erfüllt eine wichtige Schutzfunktion. Er warnt uns beispielsweise mit Schmerzempfinden und signalisiert uns damit Gefahr, wenn etwa Wasser zu heiß oder zu kalt für uns ist, wenn Druck oder Reibung zu stark wird ...

Tasten und Fühlen mit dem ganzen Körper 71

Die unheimliche Mumie

ab 5 Ein Kind ist die Mumie und steht ganz steif da, während der „Mumieneinbalsamierer" seinen ganzen Körper mit Toilettenpapier umwickelt. Mit mehreren Kindern könnte auch ein Wettspiel entstehen: Wer hat seine Mumie am schnellsten komplett eingewickelt, ohne dass das Papier reißt? Das Kind, das wickelt, muss seine Kraft und Geschwindigkeit genau dosieren, damit das Papier nicht reißt.
Nach einiger Zeit kann die Mumie wieder zum Leben erwachen und ihre Bandagen durch Anspannen und Bewegen einzelner Körperteile sprengen.

Material:
Toilettenpapier

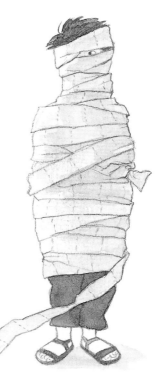

Magnetspiel

ab 4 Ein Spieler ist der großer Magnet, der viele kleine Magnete einsammeln soll. Und das geht so: Alle Kinder bewegen sich im Raum. Der große Magnet geht auf eines zu und berührt es irgendwo am Körper, z. B. am Oberarm, an der Schulter, am Hinterkopf, an der Nase ... Der betreffende Spieler muss nun mit seiner rechten Hand an die betreffende Stelle fassen und dem großen Magnet folgen. Wenn alle Spieler hinter dem Magnet herlaufen, die Hand immer an der Stelle, die berührt wurde, kann der Spielleiter einen Zauberspruch sagen, der dem großen Magnet seine Kraft raubt: „Simsalabaft, der Magnet verliert die Kraft. Eins, zwei, drei, der Zauber ist vorbei."

Telegrafenmast

ab 5 *bzw. 7 Jahren*
Die Kinder sitzen alle hintereinander in einer Reihe – sie sind der Telegrafenmast. Der letzte Spieler malt oder schreibt nun seinem Vordermann ein Bild oder ein Wort mit dem Finger auf den Rücken. Der gibt das Gefühlte an seinen Vordermann weiter. Ist die „Nachricht" beim vordersten Spieler angekommen, gibt er bekannt, welche Nachricht er erhalten hat.
Variation: Zwei Spieler raten abwechselnd, was sie sich gegenseitig auf ihren Rücken malen oder schreiben.

Tasten und Fühlen

Tasten, erkennen und differenzieren

Mit unserer Haut nehmen wir sanfte Berührungen und Druck, Wärme und Kälte, Bewegungen, Formen, Größe, Oberflächenbeschaffenheiten und vieles mehr wahr. In den folgenden Spielen wird die Wahrnehmungsfähigkeit der Kinder gefördert, die diese taktilen Eindrücke ordnen und vergleichen können. Lernen Kinder bewusst, ihre Tastempfindungen wahrzunehmen und darüber zu sprechen, werden sie sensibel angenehme von unangenehmen Empfindungen unterscheiden – die jedoch individuell sehr verschieden sein können: Glauben wir z.B. ein süßes Meerschweinchen zu streicheln, können wir ein Tasterlebnis als angenehm und kuschelig empfinden, während wir es vielleicht ganz anders erleben, wenn wir vermuten, eine Ratte zu halten.

Materialien:
Schuhkarton, Tastmaterial (z.B. Korken, Knöpfe, Wolle, Teppichreste, Tapeten, Schleifpapier, Schrauben, Steine, Topfkratzer, Schwämme, Reis, Erbsen, Hirse, Nudeln, Nüsse, Knöpfe, Perlen ...)

Krabbelkarton

ab 3 *aber auch noch viel später spannend*

Den Karton nach Lust und Laune dekorieren, in die Seite zwei Öffnungen schneiden, durch die die Kinder mit den Händen in die Schachtel greifen können. Dann das Tastmaterial einfüllen. Zunächst können die Kinder einfach nur nach Herzenslust tasten und fühlen. Später können Sie ihnen Aufgaben stellen, z.B. „Suche mir einen Gegenstand aus Holz, Metall, etwas Weiches, etwas Warmes ..."
Die Kinder lernen die typische Beschaffenheit verschiedener Materialien kennen und zuordnen.

Tasten, erkennen und differenzieren 73

Tastleine

ab 5   Spannen Sie entweder kreuz und quer durch den Raum oder im Freien von Baum zu Baum eine Schnur, an der Sie viele verschiedene Gegenstände befestigen. Den Kindern werden die Augen verbunden. Nun müssen sie sich an der Schnur entlang von Gegenstand zu Gegenstand weitertasten und erraten, worum es sich jeweils handelt.
Variation: Schwieriger wird es, wenn die Kinder zuerst alle Gegenstände ertasten sollen und hinterher sagen, worum es sich gehandelt hat. Wer schafft es, die Gegenstände sogar in der richtigen Reihenfolge aufzuzählen?

Materialien:
Schnur, verschiedene Tastgegenstände (z.B. Schlüssel, Flaschenöffner, Luftballon, Babyrassel, Nagelbürste, Haarbürste ...)

Sowohl die Vorstellungskraft als auch das Gedächtnis werden gefördert.

Tasttafeln

ab 5   *freies Spiel mit den Tafeln auch schon viel früher*
Wenn immer zwei Tafeln gleich beklebt werden, können Kinder mit verbundenen Augen versuchen, die zueinander passenden Tafeln zu finden. Sie können die Materialien auch in unterschiedliche Formen zuschneiden, die ertastet und benannt werden sollen. Oder Kinder ertasten mit den Händen die Oberfläche einer Tafel und sollen danach mit den Füßen die entsprechende zweite Platte finden.

Materialien:
fester Karton oder dünne Holztafeln, verschiedene flache Tastmaterialien (Schleif- und Sandpapier unterschiedlicher Körnung, Stoffreste, verschiedene Papiersorten wie Zeitungs-, Illustrierten-, Seiden-, Toilettenpapier, Wellpappe, Schaumstoff, Felle, Kork, Styropor ...)

74 Tasten und Fühlen

Kastanienkönig

Materialien:
Kastanien, trockenes Laub

ab 3 Verstecken Sie einige Kastanien in einem Laubhaufen. Die Kinder tasten und graben mit ihren Händen nach den Kastanien. Wer die meisten findet, wird Kastanienkönig. Am Schluss dürfen alle die Blätter auf sich herabrieseln lassen.
Es bereitet den Kindern sinnliches Vergnügen, im raschelnden Laub zu wühlen, dabei spielt der akustische Eindruck eine wichtige Rolle. Manchmal findet man in Kauf- oder Möbelhäusern auch riesige Ballbecken. Sie machen den Kindern großen Spaß und führen zu intensiven Tast-, Fühl- und Bewegungserfahrungen.

Was ist schwerer?

Materialien:
Steine, andere Tastmaterialien mit unterschiedlichem Gewicht

ab 5 Die Kinder dürfen die Gegenstände befühlen und nach Gewicht sortieren. Zunächst genügt es, nur leicht und schwer zu differenzieren, später können auch feinere Abstufungen vorgenommen werden.
Kinder finden es spannend, ihre Ergebnisse mit einer Waage zu kontrollieren – dabei erfahren sie, dass wir uns manchmal von der Größe eines Gegenstandes täuschen lassen.

Tasten, erkennen und differenzieren **75**

Gewichtsdosen

`ab 5` Die Filmdosen werden mit einer unterschiedlichen Anzahl Murmeln gefüllt, aber immer zwei Dosen mit der gleichen Menge. Dann werden die Dosen verschlossen und gemischt. Die Kinder versuchen, die gleich schweren Paare zu finden und sie zusammenzustellen.

Materialien:
Filmdosen, Murmeln

Damit die Kinder keine „Schüttelprobe" machen können, können Sie die Filmdosen zusätzlich mit Watte auffüllen.

Zauberei

`ab 7` Ein Spieler geht vor die Tür – er ist der Zauberlehrling und verfügt über magische Kräfte. Der Spielleiter erklärt nun den anderen Mitspielern, dass sein Zauberlehrling einen Stein erkennen kann, den er selbst gleich verzaubern wird. Er nimmt einen beliebigen Stein und drückt und reibt ihn. Dazu spricht er einige Zauberformeln. Dann legt er den Stein zu den anderen zurück und ruft den Zauberlehrling herein. Dieser betastet nun kurz alle Steine und findet tatsächlich den verzauberten Stein heraus. Der Trick dabei: Der verzauberte Stein ist durch die Berührung und Reibung in der Hand warm geworden – so konnte der Zauberlehrling ihn erkennen. Natürlich muss der Zauberlehrling eingeweiht sein (vorher üben!).

Materialien:
mehrere Steine

Eine gute Gelegenheit, mit Kindern darüber zu sprechen, was wir mit unserem Tastsinn wahrnehmen können: nicht nur die Oberflächenbeschaffenheit, das Gewicht oder die Form eines Materials, sondern auch seine Temperatur.

Schatzkiste

`ab 3` Verstecken Sie einige Gegenstände in der gefüllten Kiste. Die Kinder dürfen mit beiden Händen wühlen und den Inhalt durch ihre Finger rieseln lassen. Wer ein Bonbon findet, darf es behalten. Die Kinder könnten auch mit den nackten Füßen in der Kiste suchen und die Bonbons mit den Zehen ans Tageslicht bringen.

Materialien:
Kiste mit Getreide oder Sand gefüllt, mehrere kleine Gegenstände (z. B. Bonbons)

76 Tasten und Fühlen

Tauben auf dem Dach

ab 6 Ein Spieler legt einem anderen Spieler ein bis fünf Finger auf den Kopf und fragt nun sein Gegenüber: „Wie viele Tauben sitzen auf dem Dach?" Dieser versucht zu erfühlen, wie viele Finger auf seinem Kopf liegen.

Sprechen Sie mit den Kindern darüber, dass verschiedene Körperstellen unterschiedlich sensibel reagieren. Sie können die Tauben auch mal auf dem Rücken oder bei verschlossenen Augen auf anderen Körperstellen landen lassen.

Materialien:
Colorama, Augenbinde

Colorama

ab 5 Das bekannte Farben- und Formenspiel eignet sich auch hervorragend als Tastspiel – meine Tochter hat es mit großer Begeisterung gespielt.

Dem Kind werden die Augen verbunden. Nacheinander erhält es die verschiedenen Spielsteine. Es soll die Form ertasten und benennen, und wenn das gelungen ist, den Spielstein in das dafür vorgesehene Feld einlegen.

Variation: Wir könnten auch aus Moosgummi oder Pappe verschiedene Formen (Kreis, Halbkreis, Dreieck, Quadrat, Trapez, Stern …) ausschneiden. In den Deckel eines Schuhkartons schneiden wir Öffnungen mit den gleichen Formen. Nun sollen mit verbundenen Augen die Papp- oder Moosgummiformen ertastet und in die entsprechenden Öffnungen gesteckt werden.

Steine raten

ab 6   Auf einem Tisch liegen drei oder vier Steine. Einem Mitspieler werden die Augen verbunden. Er bekommt einen Stein in die Hand und soll ihn genau befühlen und sich seine Form einprägen. Nach einiger Zeit legt er den Stein zu den anderen zurück und bekommt die Augenbinde abgenommen. Er soll nun versuchen, seinen Stein unter den anderen Steinen herauszufinden. Nur im Notfall dürfen die Hände noch mal zu Hilfe genommen werden.

Materialien:
Steine, Augenbinde

Hier muss die Information, die über den Tastsinn gewonnen wurde, mit der Information des Sehsinns verglichen werden.

Fühlst du?

ab 5   Zwei Spieler stehen sich als Paar gegenüber. Ein Spieler schließt die Augen und streckt seinem Partner die geöffneten Hände entgegen. Dieser lässt nun verschiedene Gegenstände in die Hände des anderen fallen. Das Kind mit den geschlossenen Augen soll sagen, wann es die Berührung spürt. Das ist gar nicht so leicht und bedarf großer Konzentration und Ruhe, denn eine Feder ist in der Hand oft kaum wahrnehmbar. Nach einiger Zeit tauschen die Partner ihre Rollen.
Variation: Dem Kind mit den verbundenen Augen werden verschiedene Gegenstände (z.B. Stein, Kastanie, Kartoffel, Nuss, Watte ...) in die Hand gelegt. Das Kind soll erraten, worum es sich handelt, ohne den Gegenstand mit der Hand zu umschließen oder mit der anderen Hand zu fühlen.

Materialien:
verschiedene leichte Gegenstände, z.B. Wolle, Watte, Feder

Sprechen Sie mit den Kindern darüber, dass wir schwere Gegenstände besser spüren als leichte (Begriffsbildung leicht - schwer). Verschiedene Körperteile reagieren dabei unterschiedlich sensibel.

Streicheleinheiten

Die folgenden Spiele führen zu Tast- und Fühlerlebnissen, die häufig angenehme Empfindungen auslösen und von Kindern sehr genossen werden. Sie bewirken im wahrsten Sinne des Wortes „Streicheleinheiten" für die Seele eines Kindes.

Plätzchen backen

ab 3   Ihr Kind liegt flach auf dem Boden oder über Ihren Beinen. Führen Sie nun die folgenden Bewegungen aus und sprechen den Text dazu.

Zuerst brauchen wir Mehl. — Klopfen Sie mit der flachen Hand mehrmals über den Rücken des Kindes.

Nun kommen die Eier dazu. — Machen Sie mit den Fäusten die Bewegung des Eiaufschlagens auf dem Rücken.

Dann brauchen wir noch Zucker und eine Prise Salz. — Wandern Sie mit den Fingerspitzen über den Körper.

Ein wenig Butter fehlt noch. — Klopfen Sie ein paar Mal auf den Rücken.

Streicheleinheiten **79**

Bei diesem Spiel kommt es zu einer sanften Massage, von der die Kinder meist gar nicht genug bekommen können. Auf ähnliche Weise könnten Sie auch Brot backen, es mit der flachen Hand in Scheiben schneiden und nach Wünschen des Kindes belegen. Ich habe mit meinen Kindern auch schon Pizza gebacken und Eintopf mit vielen gehackten Zutaten gekocht. Ebenso könnten Sie aber auch ein Auto oder einen Lastwagen warten: Waschen, den Lack und die Scheiben polieren, Schrauben nachziehen, indem Sie an Armen und Beinen drehen, den Tankdeckel öffnen und Benzin einfüllen … Oder hat Ihr Kind Lust auf eine Kopfmassage? Dann spielen Sie gemeinsam Frisör.

Klopfen Sie zunächst mit der Handkante ein paar Mal über den Rücken und kneten Sie dann Ihr Kind ordentlich durch.

Dann wird mit dem Messer zuerst alles vermischt, dann der Teig geknetet.

Machen Sie entweder mit den Fäusten die Bewegung des Auswellens oder verwenden Sie tatsächlich ein Nudelholz. Nun deuten Sie mit allen Fingern mit sanftem Druck das Ausstechen der Plätzchen an.

Der Teig wird ausgerollt, bevor wir die Plätzchen ausstechen können.

Ahmen Sie mit dem flachen Zeige- und Mittelfinger das Bepinseln der Plätzchen nach und machen Sie mit Daumen, Zeige- und Mittelfinger streuende Bewegungen.

Wenn sie gebacken sind, werden sie mit Zuckerguss glasiert und mit Streuseln verziert.

Knabbern Sie am Körper Ihres Kindes.

Zuletzt lassen wir uns die Plätzchen schmecken.

Rückenschnecke

 Ein Spiel, das meine Kinder lieben, die Quelle ist mir leider unbekannt.

Im Schneckenhaus ganz innen drin, da schläft die Schnecke Ann-Kathrin.	Die Kinder liegen über Ihren Knien. Mit dem Zeigefinger deuten Sie durch eine spiralförmige Bewegung das Schneckenhaus an.
Jetzt wacht sie auf	Mit dem Zeigefinger ein paar Mal auf den Rücken tippen.
und kriecht heraus,	Mit dem Zeigefinger in entgegengesetzter Richtung eine spiralförmige Bewegung machen.
sie kriecht bis oben hin, die Schnecke Ann-Kathrin.	Zeige- und Mittelfinger am Rücken entlang bis zum Nacken hoch kriechen lassen.
Sie schaut sich um, kriecht rund herum. Und sagt: „Bei diesem Wetter, da ist's im Bett viel netter!"	Die Schnecke kriecht am Hals entlang hin und her, spitzelt vielleicht mal in ein Ohr oder kitzelt auf einer Wange.
Stück für Stück kriecht sie zurück,	Langsam kriechen Zeige- und Mittelfinger am Rücken abwärts.
legt sich dann drin zur Ruh	Mit einer spiralförmigen Bewegung kriecht die Schnecke wieder ins Schneckenhaus.
und sperrt die Haustür zu.	Daumen und Zeigefinger als Schlüssel mit sanftem Druck ein paar Mal hin und her drehen.

Fühlen und gestalten **81**

Fühlen und gestalten

Kindern bereitet es ein sinnliches Vergnügen, wenn sie mit Farbe, Knetmasse, Sand und Wasser spielen dürfen. Die Freude am Tun mit den Händen (möglichst ohne Werkzeug) sollten dabei ganz im Vordergrund stehen und nicht ein Endprodukt. Der Tastsinn wird durch das Kneten, Matschen, Patschen, Umfüllen auf vielfältigste Weise angeregt. Im Sommer bieten sich Wasserspiele im Freien, im Winter in der Küche oder im Bad an. Lassen Sie Ihr Kind zunächst nach Herzenslust planschen, spritzen und strampeln. Dabei sammelt es viele taktile Erfahrungen.

Fingerfarben

ab 3 Das Malen mit Fingerfarben macht Kindern besonderen Spaß. Wenn Sie die Kinder auf einem großen Bogen Papier (Tapetenpapier, Packpapier, Zeitungen) im Freien, eventuell nackt mit den Farben hantieren lassen, wird oft der ganze Körper in das Geschehen einbezogen. (Achten Sie auf ungiftige Farben, die keine Allergien auslösen!)

Finger- und Händedruck

ab 3 Mit bemalten Fingern und Händen entstehen tolle Bilder, die Kinder mit Buntstiften noch weiter ergänzen können. Die ganze Hand, mit abgespreizten Fingern und gelber Farbe bemalt, zaubert eine Sonne auf das Papier, wenn es dabei mehrmals gedreht wird.

Materialien:
Fingerfarben und Papier

Kneten und Töpfern

Rezept für Knetmasse
400 g Mehl
200 g Salz
3 Essl. Öl
50g Alaunpulver (Apotheke)
0,5l kochendes Wasser
eventuell Lebensmittelfarbe

ab 3 aber noch nicht figürlich

Ungiftige Knetmasse gibt es im Handel. Eine ausgezeichnete Knetmasse, die luftdicht verpackt (Plastikdose) lange haltbar und ungiftig ist, lässt sich aber auch einfach und kostengünstig selbst herstellen:

Die Zutaten werden vermischt und durchgeknetet, bis ein weicher, geschmeidiger Teig entstanden ist, der nicht am Tisch kleben bleibt (eventuell Mehl oder Öl zugeben). Nachdem die Kinder ausgiebig mit der Knetmasse hantiert haben, können Sie sie anregen, zum Beispiel kleine Tiere, Schneemänner, Brote … zu gestalten.

Pappmaschee

Materialien:
Zeitungen, Kleister

Ebenso wie beim Kneten und Töpfern geht es in erster Linie um die sinnlichen Erfahrungen, die die Kinder beim Umgang mit Papier und Kleister sammeln können - Kneten und Matschen und nicht die Gestaltung schöner Gegenstände stehen im Vordergrund!

ab 4 Den Kleister anrühren und eventuell Schnipsel aus Papier reißen. Entweder gibt man die Papierschnipsel in den Kleister und rührt und knetet, bis eine formbare Masse entstanden ist, oder man bestreicht Papier mit Kleister, knüllt es zusammen und legt immer neue gekleisterte Schichten darum. Recht einfach sind auf diese Weise Bälle zu formen, die anschließend bemalt werden können.

Tastbilder

Materialien:
festes Papier oder Pappe,
Wolle, Garn und andere
Schnüre, Klebstoff

ab 5 Die Kinder kleben die Schnüre mit Hilfe von Klebstoff in unterschiedlichen Formen auf das Papier, zum Beispiel Tiere oder Spielzeug. Wenn sie mehrere Tastkärtchen gestaltet haben, können sie mit geschlossenen Augen versuchen, durch Betasten zu erraten, worum es sich handelt.

Fühlen und gestalten 83

Sandbilder

ab 3 *bzw. 7 Jahren*

Die Spieler können mit den Fingern ein Bild oder verschiedene Spuren in den Sand malen oder eine „Sandpost" schreiben. Die Kinder sind fasziniert von den Spuren, die sie hinterlassen können! Das Spiel mit Steinen, Sand und Wasser regt den Tastsinn der Kinder an und fördert die Fantasie. Eine Bereicherung erfährt dieses Sandspiel, wenn den Kindern zusätzlich Wurzeln, Baumrinden, Moos, Gras, Zweige und dergleichen zur Verfügung stehen.

Materialien:
Sand, eventuell flache Schale, ein Tablett oder eine ausrangierte Schublade

Körper- wahrnehmung

Spiele und Beschäftigungen zur Förderung des Gleichgewichtssinnes und der Körper- wahrnehmung

Wie sich die Körperwahrnehmung entwickelt

Schon ganz kleine Babys spielen gerne mit ihren Gliedmaßen und erfahren durch dieses Spiel im Laufe der Zeit, dass es sich bei dem beliebten Spielzeug um die eigenen Hände und Füße handelt. Durch vielfältige Bewegungsmöglichkeiten wird der Muskel- und Bewegungssinn – das kinästhetische System – ausgebildet, das eng mit dem Tastsinn verknüpft ist. Mit den Fußsohlen nehmen wir beispielsweise Berührungsempfindungen auf, und indem wir diese Empfindungen umsetzen, sorgen wir dafür, im Gleichgewicht zu bleiben. Das kinästhetische System ermöglicht uns erstaunliche Dinge! So finden wir etwa bei Dunkelheit und in jeder Lage mit - unserem Zeigefinger ebenso treffsicher unsere Nasenspitze oder die große Zehe. Der Tastsinn verbunden mit dem kinästhetischen Sinn meldet uns auch, mit wie viel Kraft wir etwas berühren. Dadurch wird es uns möglich, etwa Eier so vorsichtig anzufassen, dass sie nicht kaputtgehen.

Wichtige Wahrnehmungen und Erfahrungen, die durch ausreichende Gelegenheiten zu Bewegung ermöglicht werden, führen nicht zuletzt auch dazu, sowohl körperliche als auch seelische Spannungen abzubauen.

Babys lieben es, bewegt zu werden – Bewegung gibt ihnen das sichere Gefühl, sich im Schutzbereich der Mutter zu befinden. So lässt es sich auch erklären, dass Kinder sich durch Bewegtwerden beruhigen.

Körperteile wahrnehmen, benennen und zuordnen

Zur Wahrnehmung des eigenen Körpers gehört nicht nur, die Körperteile zu kennen und zu benennen, sondern sie dem eigenen Körper auch zuordnen zu können. Dazu ist es notwendig, die Körperteile bewusst wahrzunehmen und auch um ihre Funktionen zu wissen (siehe auch den Abschnitt Tasten und Fühlen mit dem ganzen Körper ab Seite 74).

Zwicke zwacke

ab 3 Eine Spielmöglichkeit, die mir während einer fröhlichen Kitzelei mit meiner kleinen Tochter in den Sinn gekommen ist und die ich später einmal ganz erstaunt in einem Buch wieder gefunden habe: Entsprechend dem Text zwicken wir sanft in das entsprechende Körperteil. Wir können beliebig viele Reime dazudichten.

Auch wenn die Kinder schon etwas älter sind, lieben sie dieses zärtliche Körperspiel, das zum Beispiel beim Aufstehen oder Zubettgehen so gespielt werden könnte:

*Guten Morgen liebe Nase – zwicke zwase,
guten Morgen liebes Ohr – zwicke zwor …
Gute Nacht kleine Nase – zwicke zwase,
gute Nacht kleine Hand – zwicke zwand …*

Körperteile wahrnehmen, benennen und zuordnen   **87**

Fußmassage

ab 3

aber auch für die ganze Familie angenehm!
Eine Fußmassage belebt und entspannt. Kneten, drücken, reiben und rubbeln Sie dazu beide Füße. Sie können dazu den Reim sprechen und entsprechend vorgehen.

Die Füße sind so kalt,
da streichle ich sie halt.
Beim großen Zehen fang ich an,
die andern kommen auch noch dran.
Ich streichle vom Fersen über die Sohle,
da wird den Füßen richtig wohle.
Ich drücke und rubble sie bis zum Schluss,
und oben drauf ein dicker Kuss!

Körperpuzzle

ab 3

Sie können entweder ein kleines Puzzle vorbereiten, indem Sie den Körper eines Menschen mit seinen wichtigsten Einzelteilen aufmalen und die einzelnen Bestandteile mit der Schere abtrennen, oder ein lebensgroßes Körperpuzzle, indem Sie das Kind sich auf das Papier legen lassen und seine Körperkonturen nachmalen, und dann ebenfalls zerschneiden. Die Kinder fügen das Körperpuzzle wieder zusammen.

Auf diese Weise lernen Kinder alle wichtigen Körperteile zuzuordnen, lange bevor sie selbst einen Menschen malen können. Bei der zweiten Spielvariante kommt es beim Nachzeichnen der Körperkonturen des Kindes zu einer besonders intensiven Körperwahrnehmung, wenn Sie die Teile, die gerade umzeichnet werden, auch benennen.

Materialien:
großes Papier, Farben

Das Lage- und Bewegungsgefühl sensibilisieren

Rhythmische Bewegungen regen Gleichgewichtssinn und Richtungsgefühl besonders intensiv an, sie fördern Lage- und Bewegungsempfinden, das so genannte Vestibularsystem. Wenn Sie Bewegungsspiele auch sprachlich begleiten, werden den Kindern die Bedeutung der Lagebezeichnungen, z.B. rauf und runter, vor und zurück … geläufig. Viele der Übungen eignen sich auch hervorragend als Partyspiele!

Materialien:
große Tücher, Bälle oder Luftballons

Von Bällen geht ein ganz besonders intensiver Bewegungsanreiz aus. Sie motivieren schon die ganz Kleinen sich zu bewegen – hinterherzukrabbeln und robben, zu springen und zu rennen! Bälle deshalb besonders häufig einsetzen!

Ballschwingen

ab 4 Die Kinder fassen das Tuch an den Kanten und schwingen es einige Male, um ihre Bewegungen aufeinander abzustimmen – sie können z.B. versuchen, Wellen unterschiedlicher Größe zu erzeugen. Jetzt werden Bälle oder Luftballons darauf gelegt, die die Kinder tanzen lassen. Sie können die Ballons auch aus dem Tuch befördern, von einer zur anderen Seite rollen lassen oder mit ihnen Karussell fahren.

Gerade bei geschlossenen Augen wird der Gleichgewichts- und Bewegungssinn besonders intensiv angeregt.

Blinde Kunststücke

ab 5 Die Kinder sollen verschiedene Anweisungen mit verschlossenen Augen ausführen: „Geh zwei Schritte rückwärts! Stell dich auf die Zehenspitzen! Steh auf einem Bein …"

Das Lage- und Bewegungsgefühl sensibilisieren **89**

Bewegungsparcours

ab 4 Die Hindernisse werden im Raum verteilt. Die Kinder dürfen sich, solange die Musik spielt, frei über, unter, um sie herum bewegen. Stoppt die Musik, folgen sie der Anweisung des Spielleiters: „Alle Kinder hüpfen über die Matte, kriechen unter dem Tisch durch, klettern auf die Bank …"

Materialien:
Kassettenrekorder/CD-Spieler, Bänke, Tische, Stühle, Seile, Matten …

Kinder klettern leidenschaftlich gerne. Egal ob auf Bäume, Stühle, Tische oder Klettergerüste, Kinder nutzen jede Gelegenheit, um zu klettern, wenn wir sie lassen. Dabei üben sie nicht nur Kraft und Geschicklichkeit, auch ihr Gleichgewichtssinn wird angeregt. Klettern führt zu einer zunehmenden Bewegungssicherheit.

Karussell

ab 5 Der Spielleiter geht in die Mitte einer Grasfläche oder eines weich gepolsterten Raumes und nimmt an die linke und an die rechte Hand gleich viele Kinder. Die Kinder auf den beiden Seiten sehen in die entgegengesetzte Richtung. Nun beginnt das Karussell sich zu drehen, wobei es schneller und wieder langsamer werden kann, bis es sogar ganz zum Stehen kommt. Gerade am Anfang haben die Kinder oft noch Schwierigkeiten, nicht das Gleichgewicht zu verlieren und alle anderen mitzureißen, wenn das Karussell schneller wird – so ein Absturz macht ihnen sogar großen Spaß. Achten Sie darauf, dass genügend Platz zur Verfügung steht!
Variation: Zwei etwa gleich große Kinder fassen sich mit ausgestreckten, überkreuzten Armen an den Händen. Sie stellen die Fußspitzen dicht zusammen und lehnen sich so weit es geht zurück. Nun beginnen sie, sich immer schneller werdend im Kreis zu drehen – bis sie das Gleichgewicht verlieren und ins Gras purzeln.

*Wir zählen bis zehn,
die Mühle bleibt stehn
Wir zählen bis hundert,
die Mühle geht unter.
Wir zählen bis tausend,
die Mühle geht sausend.*

90 *Körperwahrnehmung*

Gleichgewichtsübungen

Um Balancieren zu können, ist schon ein recht gut ausgeprägter Gleichgewichtssinn, eine größere Geschicklichkeit der Füße und eine gute Koordination von Augen und Füßen nötig. Kinder durchleben Phasen, in denen sie jede sich bietende Gelegenheit zu balancieren nutzen. Der Bordstein ist ihnen dazu genauso willkommen wie eine Mauer oder ein Baumstamm.

Balancierparcours

Materialien:
Klebeband, Reifen, Bänke, Seile, Kisten, Bretter, Besenstiele, Stämme, Drainagerohr (aus dem Baumarkt) …

Sie sollten die Kinder nicht drängen, wenn sie sich nicht trauen blind oder in einer bestimmten Höhe zu balancieren. Je geübter sie im Balancieren werden, desto mutiger werden sie ganz von allein. Gerade wenn Kinder mit geschlossenen Augen balancieren, sollten Sie gut aufpassen, um Verletzungen durch Stürze zu vermeiden.

ab 3 Bauen Sie zunächst gemeinsam aus allen Materialien einen Balancierparcours auf. Nun dürfen die Kinder den Parcours begehen. Dabei können Sie für mehr Spannung sorgen, wenn Sie ihnen anbieten, auch einmal rückwärts zu balancieren – z.B. auf dem Seil; oder mit geschlossenen Augen zu gehen – z.B. auf den hintereinander liegenden Kissen. Oder spielen Sie Seiltänzer im Zirkus – mit aufgespanntem Regenschirm oder einem Besenstiel als Balancierstange.

Gleichgewichtsübungen

Kartoffellauf

ab 4

mit Teesieben schon früher

Die Kinder legen die Kartoffel in einen Löffel und versuchen, damit eine vorgegebene Strecke zurückzulegen. Noch schwieriger wird es, wenn das Kind mit der Kartoffel ein Hindernis überwinden muss. Jüngere Kinder können statt des Löffels auch ein Teesieb nehmen.

Materialien:
Kartoffeln oder Eier, Tischtennisbälle oder dergleichen, Löffel

Stehaufmännchen

ab 6

Zwei Spieler stellen sich Rücken an Rücken auf und haken die Arme ineinander. Nun versuchen sie, gemeinsam in die Hocke zu gehen und wieder aufzustehen. Dazu müssen die Spieler ihre Rücken fest aneinander pressen und ihre Bewegungen aufeinander abstimmen.

Dosenstelzen

ab 3

Die Blechdosen werden an ihrer Unterseite an zwei gegenüber liegenden Stellen durchbohrt, die Schnüre durch die Löcher gefädelt und auf der Innenseite verknotet. Die Kinder sollten die Schnüre etwa in Hüft- oder Bauchhöhe halten können, wenn sie auf den Dosen stehen. Jetzt die Dosen vor die Kinder auf den Boden stellen, sie fassen die Schnüre, steigen darauf, spannen die Schnüre los geht's!

Materialien:
zwei Blechdosen, feste Schnüre

Eine besonders reizvolle Gleichgewichtsübung ist es, auf Stelzen zu gehen. Für jüngere Kinder ist das Dosenstelzen eine gute Vorübung. Im Handel gibt es übrigens auch günstig so genannte Laufdosen zu kaufen.

92 Körperwahrnehmung

Hüpfen und springen

Kinder lernen beim Hüpfen, Hopsen und Springen ihren Körper immer besser zu beherrschen, ihr Gleichgewicht zu halten und wieder sicher auf beiden Füßen zu landen. Später wird das Hüpfen auf einem Bein besonders reizvoll. Wenn Sie Kindern nur dann Hilfe anbieten, wenn sie unbedingt erforderlich und auch gewünscht wird, kommt es zwar hin und wieder zu einem kleinen Sturz, aber die Kinder lernen auch, Gefahren und ihre eigenen Fähigkeiten besser einzuschätzen.

Grashüpfer

ab 3 Grashüpfer müssen gut springen können, deshalb üben sie bei jeder Gelegenheit: Die Mütter sitzen mit gegrätschten Beinen auf dem Boden. Die Grashüpferkinder springen mit beiden Füßen über die Beine der Mutter in die Mitte und wieder heraus. Die Mutter kann die Beine auch schließen oder, noch schwieriger, die Beine etwas anheben.

Känguruspringen

ab 4 Eine Start- und Ziellinie markieren. Die Kinder sind kleine Kängurus und stellen sich in einer Reihe nebeneinander auf. Sie halten ihre Hände als Ohren an den Kopf. Auf ein Zeichen des Spielleiters hin beginnt das Wettspringen. Die Kinder hüpfen auf beiden Füßen gleichzeitig von einer Markierung oder von einer Seite des Raumes zur anderen Seite. Wir könnten auf der Ziellinie Futter für die Kängurus auslegen. Wer es zuerst erreicht hat, darf es essen.

Storchenjagd

ab 5 Wenn die Kinder schon recht sicher auf einem Bein hüpfen können, spielen sie miteinander Storchenjagd: In der Mitte steht auf einem Bein der Storch. Die Frösche hüpfen um ihn herum, wobei sie tief in die Hocke gehen. Der Storch versucht nun, auf einem Bein hüpfend einen Frosch zu fangen. Ist ihm das gelungen, ist der Gefangene der nächste Storch.

Für Kinder ist es anfangs schwer, auf einem Bein zu hüpfen und sie können die Balance oft nur wenige Sekunden halten. Wenn sie schon geübter sind, können wir ihnen Aufgaben stellen, um den Reiz zu erhöhen: „Wer kann auf einem Bein bis zum nächsten Baum hüpfen?"

Hahnenkampf

ab 6 Die Kinder stehen sich paarweise gegenüber und verschränken die Arme vor der Brust. Nun hüpfen sie auf einem Bein aufeinander zu und versuchen, sich durch Anstoßen und Anrempeln aus dem Gleichgewicht zu bringen. Der angehobene Fuß darf nicht den Boden berühren. Wer das Gleichgewicht verliert, scheidet aus oder muss ein Pfand geben. Wenn mehrere Kinder miteinander spielen, können immer diejenigen Kinder neue Paare bilden und gegeneinander antreten, die bereits einen Gegner aus dem Gleichgewicht gebracht haben. Wer zuletzt übrig bleibt, hat gewonnen.

94 Körperwahrnehmung

Inselspringen

Materialien:
Teppichfliesen oder Tücher

ab 4 Der Boden ist das Meer. Als Inseln liegen Teppichfliesen oder Tücher aus. (Tücher eignen sich nur auf Teppichboden oder im Freien – Rutschgefahr!). Die Kinder sollen nun versuchen, das Meer zu überqueren, indem sie von einer Insel zur anderen springen. Natürlich darf nicht danebengetreten werden, weil im Meer die Haie lauern.

Tief- und Weitsprung

Materialien:
eine beliebige Erhöhung
(ein Treppenabsatz, ein
Baumstamm, ein großer
Stein, eine stabile Schachtel,
eine Bank ...)

ab 3 Die Kinder steigen auf die Erhöhung und versuchen, von dort herunterzuspringen. Kleinere Kinder trauen sich am Anfang vielleicht nur, wenn sie aufgefangen werden. Sie lassen sich freudig in die Arme der Eltern fallen. Wenn die Kinder schon etwas geübtere Springer sind, können Sie sie dazu anregen, möglichst weit zu springen.

Hochsprung

Materialien:
ein langes Seil

ab 4 Zwei Helfer halten das Seil hoch, die Kinder stellen sich unter die Schnur und versuchen, mit geschlossenen Beinen so hoch zu hüpfen, dass sie mit den Fingerspitzen oder dem Kopf die Schnur berühren. Machen Sie ein Partyspiel daraus: an der Schnur Würstchen oder Süßigkeiten anbringen, die die Kinder schnappen sollen.

Hüpfen und springen 95

Bockspringen

ab 7   Ein Kind stellt sich in gebückter Haltung auf und umfasst mit den Händen seine Fußgelenke oder stützt sich an den Knien ab – die Arme werden eng an den Körper gelegt. Ein zweites Kind nimmt Anlauf und versucht, über den so entstandenen Bock zu springen. Dabei darf es sich mit den Händen auf dem Rücken oder an den Schultern des Bockes ein wenig abstützen. Zwei oder mehr Kinder können im Wechsel weiterspielen, wenn der Springer sich immer gleich wieder bückt und nun seinerseits den Bock spielt.

Hüpfpferd, Hüpfball

ab 3   Markieren Sie eine Start- und Ziellinie. Wenn die Kinder ein wenig geübt haben, können sie auch um die Wette hüpfen. Auch Hindernisse könnten umhüpft werden. Oder die Kinder erhalten die Aufgabe, sich mit dem Ball einmal um ihre eigene Achse zu drehen.

*Materialien:
mehrere Hüpfpferde oder Hüpfbälle*

Andere beliebte Spiele, die mit Hüpfen und Springen Gleichgewicht, Koordination und Geschicklichkeit trainieren, sind beispielsweise Sackhüpfen und Gummitwist.

Allerlei Bewegerei

Kinder werden umso geschickter, je mehr sie die Möglichkeit haben, die Koordination einzelner Bewegungen zu üben. Mit den folgenden Spielen wird dieser Effekt noch verstärkt, weil durch Berührungsspiele zusätzlich der Tastsinn und durch Tanzspiele das Gefühl für Rhythmik angeregt wird.

Bieten Sie Kindern viele Gelegenheiten, ihren Bewegungsdrang auszuleben.

Materialien:
für je zwei Kinder einen Luftballon; Kassettenrekorder oder CD-Spieler

Luftballontanz

ab 5 — Je zwei Kinder finden sich zu Paaren zusammen. Sie klemmen den Luftballon zwischen ihre Bäuche und beginnen zu tanzen. Der Luftballon darf mit den Händen nicht mehr berührt werden – da heißt es, die Bewegungen gut aufeinander abzustimmen! Wer den Luftballon fallen lässt, scheidet aus oder gibt ein Pfand. Der Luftballon könnte auch zwischen die Stirn, die Wangen, die Nasen, die Knie ... geklemmt werden. Für ältere Kinder statt des relativ großen Luftballons eine Orange, einen Tischtennisball oder eine Nuss verwenden.

Materialien:
Kassettenrekorder oder CD-Spieler

Körpertanz

ab 5 — Je zwei Kinder tanzen als Paar miteinander. Wenn die Musik stoppt, nennt der Spielleiter ein Körperteil, z.B. Nase, Zeigefinger, Schulter ... Die Tänzer müssen sich nun mit dem genannten Körperteil berühren und den Tanz fortsetzen, bis das nächste Mal ein Musikstopp einsetzt und ein neuer Körperteil benannt wird.

Nasen-Ohrentanz

ab 5 Mit der linken Hand fassen wir an die Nase, mit der rechten Hand ans linke Ohrläppchen. Auf ein Zeichen des Spielleiters (Aufstampfen, Klatschen) werden die Hände blitzschnell gewechselt – die rechte Hand soll nun an die Nase fassen und die linke Hand ans rechte Ohrläppchen. Das ist gar nicht so einfach! Je schneller, desto schwieriger. Irgendwann finden wir unsere eigene Nase und unsere Ohren nicht mehr.

Siebenmeilenstiefel

ab 5 *als Wettspiel auch schon früher*
Die Kinder ziehen sich die viel zu großen Schuhe oder Stiefel an und laufen um die Wette. Macht Kindern Riesenspaß und fördert nebenbei die Geschicklichkeit.

Materialien:
mehrere Paar Schuhe oder Stiefel von Erwachsenen (keine hohen Absätze!)

Dromedarrennen

ab 6 Die Kinder stehen in einer Reihe. Alle bücken sich und umfassen mit den Händen die eigenen Fußgelenke. Los geht's – wer erreicht zuerst das vorgegebene Ziel?

Erlebnisse mit allen Sinnen

Auf den folgenden Seiten finden Sie Anregungen und Beispiele, wie Sie eine ganze „Erlebniseinheit" zu einem bestimmten Thema gestalten können. Sie eignen sich besonders gut für Kindergruppen und den Kindergarten.

Ein buntes Feuerwerk

ab 4

Material

Verschiedene Feuerwerkskörper (zum Teil abgebrannt, zum Teil sicher präpariert – Sicherheit sorgfältig prüfen!), Orff- oder Geräuschinstrumente, bunte Gymnastikbänder (ersatzweise Krepppapierbänder), Taschenlampen (mit bunten Folien beklebt)

Begrüßungsrunde

Wir sitzen im Kreis und reichen Feuerwerkskörper herum. Die Kinder dürfen sie betrachten, daran schnuppern. Wir sprechen über Aussehen und Geruch der gezündeten und nicht gezündeten (vorher sorgfältig präparierten!) Feuerwerkskörper und anschließend über unsere Erlebnisse in der Silvesternacht oder nach einem Feuerwerk: Unser Erleben der Dunkelheit, des erleuchteten Himmels, der immer lauter werdenden Geräusche und unsere damit verbundene Aufregung und Angst, Gefahren und Vorsichtsmaßnahmen …

Lockerung

Wir versuchen mit Körper-, Orff- oder Krachinstrumenten (Topfdeckel, Kochlöffel …) Geräusche zu erzeugen, die denen der Knallkörper ähneln.

Hauptteil

Wir gestalten ein Feuerwerk, indem wir Geräusche in Bewegungen umsetzen. Zunächst experimentieren die Kinder, dann greifen wir ihre Ideen auf, z.B.: Zu anschwellenden zischenden Geräuschen kommen wir aus der Hocke hoch, springen in die Luft und klatschen, anschließend sinken wir wieder zu Boden.
Wir machen mit der Faust kreisende oder zickzackförmige Bewegungen, die immer schneller werden und mit einem anschwellenden Ton (z.B. iiiiii) begleitet werden. Abschließend rufen wir ein lautes „Bumm" und lassen die Faust explodieren, indem wir kräftig die Finger abspreizen.

Ein buntes Feuerwerk **99**

Wir verteilen Taschenlampen und verdunkeln den Raum. Die Kinder ahmen mit den Taschenlampen Knallkörper nach, führen große Bewegungen aus dem Schultergelenk heraus aus, aber auch kleine aus dem Handgelenk, und enden mit einem Strahl an die Decke, die dann mit bunten Lichtpunkten übersät ist.

Wir gestalten ein gemeinsames Feuerwerk   *Vertiefung*
Alle Kinder hocken am Boden und erhalten je ein Gymnastikband. Wir vereinbaren, auf welche Weise wir ein anschwellendes Geräusch erzeugen wollen, das der Spielleiter auf unterschiedliche Weise beendet:
Klatschen – alle Kinder mit roten Bändern springen in die Luft, schwingen ihr Gymnastikband und sinken zu Boden.
Stampfen – jetzt sind alle Kinder mit blauen Bändern an der Reihe …
Ertönt die Handtrommel, explodieren alle Feuerwerkskörper und Raketen gleichzeitig – ein buntes Feuerwerk aus schwingenden Bändern entsteht. Die Kinder können sich auch um die eigene Achse drehen, durch den Raum flitzen etc.

- Bewusstes Erleben und Sprechen über unterschiedliche Gefühle,   *Lernziele*
  die entstehen, wenn es hell oder dunkel, sehr laut oder leise ist
  oder wenn wir etwas ganz Neues, Besonderes erleben, z.B. Spannung, Angst, Aufregung …
- Gefahren und Vorsichtsmaßnahmen im Umgang mit Feuer und Feuerwerkskörpern kennen lernen.
- Zusammenhänge zwischen Gefahren und unseren reflexartigen Reaktionen darauf erkennen.
- Akustische Signale und Bewegungmöglichkeiten zum Thema finden – akustisch und körperlich Spannung erzeugen und entladen; die anschließende Stille und Entspannung erleben.

laut – leise – anschwellend; hell – dunkel – bunt   *Begriffsbildung*

Der kleine bunte Schmetterling sucht einen Freund
ab 4

Material
Bunte Tücher in verschiedenen Unifarben, Orffinstrumentarium, verschiedene Geräuschinstrumente

Begrüßungsrunde
Wir sprechen mit den Kindern über Wiesentiere, die sie kennen und zeigen ihre Abbildungen. Vielleicht können wir die Tiere (Schmetterling, Schnecke, Ameise, Käfer, Spinne …) auch mitbringen oder im Garten suchen. Wir beobachten sie und sprechen über ihre Lebensbedingungen und Eigenarten: Was ist typisch für sie? Wie bewegen sie sich? Was fressen sie? Die Kinder dürfen die Tiere betrachten, sie vielleicht auf der Hand krabbeln lassen. Wir sprechen über unsere Empfindungen (angenehm – unangenehm, kitzelig, glitschig …).

Lockerung
Wir versuchen, die Bewegungen der Tiere nachzuahmen (krabbeln, kriechen, hüpfen, flattern …) und erzeugen Geräusche, die zu den Bewegungen passen. Lassen Sie die Kinder experimentieren und greifen Sie deren Vorschläge auf, z.B.: einzelne Töne auf dem Glockenspiel anspielen: ein flatternder Schmetterling; mit den Fingern langsam über eine Handtrommel streichen: eine kriechende Schnecke; Fingerzimbeln zum Klingen bringen: eine hüpfende Heuschrecke …

Hauptteil
Erzählen Sie den Kindern die Geschichte des kleinen bunten Schmetterlings (siehe Seite 102).

Ausklang
Wir spielen die Geschichte als Klanggeschichte, gestalten sie akustisch, optisch und mit Bewegungen aus. Ein Kind wird zum Schmetterling, es hält mit beiden Händen ein buntes Tuch als Flügel und flattert damit auf und ab. Einige Kinder können zu Blumen werden, die der kleine Schmetterling besucht, und sich sanft im Wind wiegen. Vielleicht möchten sie gelbe, rote, blaue Tücher umhängen.
Ein Kind wird zur Schnecke und kriecht auf dem Boden, vielleicht mit einem Ball als Haus unter dem T-Shirt usw.
Einige Kinder begleiten die Geschichte mit den Instrumenten, so können wir den Schmetterling flattern, die Heuschrecke hüpfen hören usw.

Der kleine bunte Schmetterling

Wenn die Kinder die Geschichte mehrmals spielen und frei experimentieren dürfen, entstehen immer wieder neue Ideen und Darstellungsformen. Die Geschichte wird verändert, ausgebaut und weitergesponnen. Wen hätte der Schmetterling noch treffen können? Vielleicht gerät er in ein Gewitter …

Vertiefung

Die Kinder identifizieren sich schnell mit dem kleinen bunten Schmetterling, kennen sie doch den Wunsch, Freunde und Spielpartner zu finden. Sprechen Sie mit ihnen über ihre Gefühle und Empfindungen! Wir könnten auch Szenen aus der Geschichte malen.

Lernziele

- Einsicht in Lebensweise und Lebensbedingungen verschiedener Tiere gewinnen.
- Kennenlernen verschiedener Wiesenpflanzen (Farbe, Form, Geruch).
- Durch Nachempfinden der Gefühle des Schmetterlings Bewusstwerden eigener Gefühle (Einsamkeit, Freude, Enttäuschung …). Hinführende Fragen dazu könnten sein: Wie hat der Schmetterling sich wohl gefühlt, als er noch allein war oder als er mit den verschiedenen Tieren zusammen war? (Schnecke, Ameisen: enttäuscht; Spinne: ängstlich; Schmetterlinge: glücklich …)
- Umsetzung der Geschichte in eigene Bewegungen und akustische Signale.

Begriffsbildung

schnell – langsam; traurig – fröhlich;
einsam – gemeinsam

102 *Erlebniseinheiten*

Der kleine bunte Schmetterling sucht einen Freund

An einem wunderschönen Sommertag flatterte ein kleiner, bunter Schmetterling auf seiner Lieblingswiese am Teich von Blume zu Blume. Mal landete er auf einem gelben Löwenzahn, mal auf einem weißen Gänseblümchen. Besonders gern flog er zu den blauen Korn- und den zarten roten Mohnblumen, die so schön in der Sonne leuchteten. Obwohl der kleine bunte Schmetterling die bunten und duftenden Blumen und Sträucher liebte, fühlte er sich manchmal ein wenig traurig. Er wollte sich mit einem Freund an den warmen Sonnenstrahlen und den bunten Blumen freuen – denn zu zweit macht alles noch viel mehr Spaß! Also machte er sich auf den Weg, einen Freund zu suchen.

Ganz unten an einem dicken, saftigen Löwenzahnblatt traf er eine Schnirkelschnecke. Nachdem er eine Weile um sie herumgeflattert war, fragte er sie: „Möchtest du mein Freund sein?" Die Schnecke hob langsam ihren Kopf und ebenso langsam antwortete sie: „Jaaa, daaas möchte iiich geeerne!" – „Dann komm doch mit und sieh dir all die schönen Blumen an!" Und tatsächlich machte sich die Schnirkelschnecke auf den Weg. Doch bald schon wurde der Schmetterling ungeduldig – die kleine Schnecke war ihm einfach zu langsam. Und so verabschiedete er sich von ihr: „Ich flieg ein wenig voraus, vielleicht treffen wir uns morgen hier ganz in der Nähe!"

Weiter flatterte der kleine bunte Schmetterling von Blume zu Blume, bis er eine grüne Heuschrecke entdeckte. Er fragte auch sie, ob sie sein Freund sein würde. Das wollte sie gerne und gemeinsam besuchten sie Gräser und Büsche. Die Heuschrecke machte große Sprünge und der kleine bunte Schmetterling flatterte mit ihr. Aber plötzlich, schwuppdiwupp, war die Heuschrecke verschwunden und der kleine bunte Schmetterling konnte sie einfach nicht mehr finden.

So flatterte er weiter, bis er zu einem großen Ameisenstaat kam. Auch die Ameisen fragte er: „Wollt ihr meine Freunde sein?" Aber die Ameisen, die schnell und emsig herumkrabbelten, antworteten, ohne innezuhalten: „Keine Zeit, keine Zeit!"

Da flatterte der kleine bunte Schmetterling weiter, bis er plötzlich eine sanfte Berührung an seinem Flügel spürte. Als er genauer hinsah, bemerkte er eine dicke schwarze Spinne in ihrem Netz, die zischte: „Was fällt dir ein, mein Netz zu zerstören, an dem ich so viele Stunden gearbeitet habe!" – „Es tut mir Leid!", sagte der Schmetterling, „Ich hab es nicht gesehen!" Aber weil die dicke schwarze Spinne immer noch unfreundlich schaute, flog er schnell weiter.

Ein wenig müde und immer noch einsam flatterte der kleine bunte Schmetterling weiter. Doch plötzlich: Was war das? Ein Stück vor ihm bewegte sich etwas in der Luft. Es flatterte genau wie er. Und tatsächlich erkannte er drei kleine Schmetterlinge, die fast genau wie er aussahen. Voller Freude flatterte er auf sie zu. Sie begrüßten ihn freundlich und nahmen ihn in ihre Mitte. Gemeinsam tanzten sie in den warmen Sonnenstrahlen. Der kleine bunte Schmetterling fühlte sich so glücklich wie noch nie in seinem Leben, denn er hatte nicht nur einen, sondern viele Freunde gefunden!

Körperreise

Material	Spiegel, Decken oder Matten, evtl. Malutensilien
Begrüßungsrunde	Die Kinder betrachten sich ausgiebig in verschiedenen Spiegeln und spielen dabei mit ihrem Körper (fröhlich, traurig oder wütend blicken, den Bauch ganz dick machen …). Sie nehmen ihren Körper bewusst wahr und beobachten die Wirkungen ihrer Bewegungen, An- und Entspannungen. Wir sprechen mit den Kindern über ihren Körper und zeigen und benennen dabei möglichst viele Körperteile. Wir suchen individuelle Unterschiede (Größe, Gewicht, Form …) und überlegen, was unserem Körper gut tut und was ihm schaden kann (Sport, Pflege, Schlaf, gesunde Ernährung, richtige Kleidung …).
Lockerung	Wir spielen das Spiel „Wer bist du?" Zwei Spielpartner stehen sich gegenüber und betasten sich: Wie fühlen sich die Haare an, sind sie lang oder kurz, wie fühlt sich der Mund an, sind die Arme lang oder kurz …? Nach dieser Vorübung, durch die die Kinder erfahren, dass sie sanft und behutsam vorgehen müssen, um einander nicht wehzutun, können die Kinder auch mit verbundenen Augen versuchen, ihr Gegenüber zu ertasten.
Hauptteil	*Reise durch den Körper* Die Kinder liegen ohne Schuhe auf einer Decke oder einer Matte. Wer mag, schließt die Augen: „Spürt ihr eure Zehen? Lasst sie ein wenig krabbeln und zappeln – zuerst ganz langsam, dann immer schneller und nun noch einmal ganz langsam. Fühlt ihr auch eure Füße? Lasst sie hin und her tanzen, reibt sie sanft aneinander. Spannt jetzt ganz fest eure Beine an und lasst sie wieder locker. Grätscht und schließt sie ein paar Mal. Beugt die Knie und streckt sie wieder. Reibt die Beine zum Schluss sanft aneinander. Nun wandert weiter zum Po. Lasst ihn ein wenig hüpfen, indem ihr ihn schnell an- und wieder entspannt, kneift beide Pobacken fest zusammen und lasst wieder locker. Wandert zu eurem Bauch. Lasst auch ihn ein wenig tanzen, indem ihr ihn auf- und abbewegt. Macht euren Bauch ganz dick und kugelig und danach ganz flach.

Spürt ihr, wie euer Rücken auf der Decke aufliegt? Presst den Rücken einmal ganz fest auf die Unterlage und lasst ihn dann wieder locker. Spürt ihr eure Schultern? Schiebt sie ganz eng zusammen und dann wieder weit auseinander, zieht sie hoch bis zu den Ohren und lasst sie wieder locker.
Spürt ihr eure Arme? Bewegt sie ein wenig, als ob ihr fliegen wolltet. Jetzt beugt und streckt sie. Macht sie ganz hart, indem ihr die Muskeln fest anspannt und danach wieder ganz weich.
Wandert weiter zu euren Händen. Spreizt abwechselnd eure Finger und ballt sie zu einer Faust – drückt dabei ganz fest. Lasst die Finger noch ein wenig zappeln.
Spürt ihr euren Kopf? Dreht ihn ein wenig hin und her, als wolltet ihr Nein sagen und lasst ihn jetzt nicken …
Bleibt noch ein wenig ruhig liegen und öffnet nun wieder eure Augen."
Die Reise durch den Körper kann beliebig gekürzt oder erweitert werden – ganz den Bedürfnissen der Kinder entsprechend.

Wir spielen das Singspiel „Meine Hände sind verschwunden", bei dem wir möglichst viele Körperteile verschwinden lassen (Ohren, Augen, Nase, Mund, Wangen, Hals, Schultern …). Die Hände verstecken wir hinter dem Rücken, die anderen Körperteile lassen wir unter unseren Händen verschwinden. Am Schluss dürfen alle unter einer Decke verschwinden.

Ausklang

Es bietet sich eine Vielzahl weiterführender Beschäftigungen an: Wir können mit den Kindern Körperbilder malen, indem wir zunächst den Umriss der Kinder aufzeichnen; wir sprechen über individuelle Unterschiede und die Funktion einzelner Körperteile …

- An- und Entspannung der Muskeln bewusst wahrnehmen
- Sich des eigenen Körpers und einzelner Körperteile bewusst werden
- Individuelle Unterschiede des menschlichen Körpers erkennen
- Funktionsweise und Bedeutung von Pflege und Gesunderhaltung des Körpers erkennen

Lernziele

106 Kindergruppen

Für Kindergruppen besonders
geeignet sind folgende
Spiele:

Sehen

Was versteckt sich da?	15
Handsalat	16
Ringlein, Ringlein, du musst wandern	17
Pantomime	18
Bilder raten	18
Farben suchen	19
Wer weiß woraus?	19
Ampelspiel	20
Fischer, welche Fahne weht heute?	21
Bunte Fahnen	21
Der Farbtopf fällt um	22
Zeig mir etwas	22
Ochs am Berg	22
Lichthexe fangen	23
Zimmer-Kim	24
Fehlt hier was?	24
Wer fehlt?	25

Hören

Koffer packen	30
Gegensätze finden	31
Lügengeschichten	31
Stille-Übung	34
Geräusch-Memory	34
Klanggarten	35
Geräusche raten	35
Tierfamilien bilden	36
Hänschen, piep einmal	36
Alle Vögel fliegen hoch	37
Geisterstunde	37
Blinder Spaziergang	38

Das versteckte Glöckchen	38
Ozeanwelle	39
Der König hat Kopfweh	39
Flüstern	40
Hühner rupfen	40
Aramsamsam	41
Körperkonzert	43

Riechen

Nasenraten	49
Schachtelnase	49
Düfte raten mit Duftgläschen	50
Geruchs-Kim	51
Hund und Herrchen	52
Duftdetektiv	53
Riechmemory	53
Besuch in einer Teestube oder in einem Kräuter- und Gewürzladen	55

Schmecken

Geschmacks-Kim	58
Futterschnecke	62
Raubtierfütterung	62
Bonbonwickeln	62
Schokolade essen	63

Tasten und Fühlen

Goldsucher	67
Wetterhahn, woher weht der Wind	68
Die unheimliche Mumie	71
Magnetspiel	71
Telegrafenmast	71
Tastleine	73
Kastanienkönig	74
Zauberei	75
Schatzkiste	75

Körperwahrnehmung

Ballschwingen	88
Bewegungsparcours	89
Karussell	89
Balancierparcours	90
Kartoffellauf	91
Känguruspringen	92
Storchenjagd	93
Inselspringen	94
Hochsprung	94
Bockspringen	95
Hüpfpferd, Hüpfball	95
Luftballontanz	96
Körpertanz	96
Siebenmeilenstiefel	97
Dromedarrennen	97

Die Deutsche Bibliothek – CIP-Einheitsaufnahme
Ein Titeldatensatz für diese Publikation ist bei
Der Deutschen Bibliothek erhältlich.

Die Schreibweise entspricht den Regeln
der neuen Rechtschreibung.

4 3 2 1   01 02 03 04

© 2001 Ravensburger Buchverlag Otto Maier GmbH
Alle Rechte, auch die des auszugsweisen Nachdrucks,
der fotomechanischen Wiedergabe und der Übersetzung,
vorbehalten.
Illustrationen: Doris Rübel
Fotos: Heidi Velthen,
        S. 12, 28, 44, 56, 64, 84 Susanne Marx,
        S. 48 Ursula Markus
Umschlagkonzeption: Schmieder/Sieblitz
Redaktion: Heike Mayer
Printed in Germany

ISBN 3-473-37802-X

www.ravensburger.de/buchverlag

Weitere Bücher mit wertvollen Anregungen für Eltern und Erzieher.

Susanne Stöcklin-Meier
Sprechen und Spielen
Fingerspiele, Klatschlieder und Handspiel-Geschichten. Rätsel, Reime und Verse sind die idealen Spielformen zur Förderung der sprachlichen und feinmotorischen Gewandtheit.
ISBN 3-473-**37357-5**

Susanne Stöcklin-Meier
Naturspielzeug
Mit diesen Spiel- und Bastelideen wird Natur für Kinder mit allen Sinnen be-greifbar. Zusätzliche Verse, Rätsel und Geschichten regen Fantasie und Entdeckerfreude an.
ISBN 3-473-**37356-7**

Ursula Rücker-Vogler
Bewegen und Entspannen
Bei Bewegungs- und Gleich-gewichtsspielen, Fantasiereisen und Entspannungsübungen lernen Kinder allein oder in der Gruppe sich und ihren Körper besser kennen.
ISBN 3-473-**37355-9**

Bertrun Jeitner-Hartmann
Das große Buch der Kinderbeschäftigung
Das erfolgreiche Standardwerk in aktueller Überarbeitung. Durch die praktische Einteilung nach Altersgruppen sind die Beschäftigungsideen zu allen wichtigen Themen sofort verfügbar.
ISBN 3-473-**37351-6**

Susanne Stöcklin-Meier
Falten und Spielen
Durch einfaches Falten entstehen aus Papier die tollsten Sachen. Darüber hinaus geben Verse, Lieder und Geschichten Anregungen zum weiteren Spielen, Erfinden und Ausprobieren.
ISBN 3-473-**37358-3**

Ravensburger